C000069401

L'ESPRIT DE DROITE

DU MÊME AUTEUR :

• *Catholique et fasciste toujours* (préface de Florian ROUANET), Reconquista Press, 2019.
• *Pour un fascisme thomiste : Commentaire de 'La Doctrine du fascisme' de Benito Mussolini* (préface de l'abbé Thomas A.), Reconquista Press, 2019.

Louis Le Carpentier

L'ESPRIT DE DROITE

Analyse morale et politique

Reconquista Press

ISBN : 978-1-912853-17-5

À ma sœur

« L'ascétisme est à droite ; le quiétisme est à gauche. [...] La corruption quiétiste équivaut sur le plan religieux à la corruption démocratique sur le plan politique : l'une et l'autre sont le fruit de cette hâte fébrile de l'être impuissant qui, n'ayant plus de forces pour lutter ni de réserves pour attendre, s'empresse, afin de réaliser sans retard ni peine son rêve de plénitude et de bonheur, de le confondre avec n'importe quoi. Le quiétisme et la mystique démocratique consistent à brûler les étapes — en rêve ! La fièvre est à gauche... »

Gustave THIBON, *Diagnostics*

AVANT-PROPOS

Pour un renouveau de la Droite

Si l'on en croit les élites médiatiques et les chantres de la mondialisation heureuse, la jeunesse aurait un destin tout tracé. Celui du dépassement des frontières nationales, de la libre circulation des hommes, du métissage global qui l'accompagne, de la déconstruction des identités « figées » et de la tolérance pour tous les désirs individuels.

Nous nous inscrivons radicalement en faux contre ce projet.

Au sein des universités françaises, là où s'instruisent et se forment les générations appelées demain à prendre les décisions, à transmettre notre culture et à animer notre vie économique et sociale, le syndicat étudiant que nous avons l'honneur de présider depuis un an s'est donné pour mission de rassembler tous les jeunes qui ne se résignent pas à cette fatalité mondialiste, libérale et libertaire.

Nous avons l'ambition de jouer le rôle d'une Droite étudiante non conformiste qui diffuse ses idées dans les facultés, sans s'interdire de prendre part aux débats de la Cité-France.

Les Forces réellement contestataires se situent aujourd'hui à la droite de l'échiquier politique. Elles se situent dans une Droite que nous qualifions d'« authentique » et qui doit prendre ses distances avec tout ce qui usurpe son nom mais se soumet en réalité à la gauche ou en découle intellectuellement (progressisme, libéralisme, laïcisme, etc.).

Il faut pour cela réaliser, à notre niveau, cette union de la Droite tant recherchée mais qui semble plus que jamais à notre portée. Devant les défis politiques toujours plus nombreux à relever et face aux menaces croissantes qui s'accumulent, le temps de la division doit cesser. Les sectarismes partisans sacrifient depuis trop longtemps nos potentielles victoires politiques et culturelles sur l'autel de l'électoralisme. Nationalistes, souverainistes, conservateurs, défenseurs de l'Europe-civilisation et autres anti-modernes doivent faire front commun, et la jeunesse doit montrer la voie de la synergie.

Les événements politiques chez nos voisins européens et plus largement dans un grand nombre de nations de par le monde nous donnent de l'espoir et renforcent notre détermination.

Aussi, c'est avec joie que nous accueillons ce travail, produit par l'un de nos sympathisants, sur l'esprit de Droite. Un esprit qui est radicalement le nôtre, et duquel nous ne dévierons sous aucun prétexte.

Puissent ces pages affirmer les convaincus dans leurs certitudes, convaincre ceux qui ne le sont pas encore, bousculer ceux qui hésitent, et éclairer ceux qui doutent.

Un ami,
Président d'un syndicat étudiant de Droite

PRÉAMBULE

Une Droite qui se cherche

Qu'est-ce que la Droite ?

Il paraît bien difficile — sinon impossible — de le dire, tant la notion de Droite semble confuse.

Généralement, on la définit de manière négative, c'est-à-dire par ce qu'elle n'est pas. Ce qui prouve tout simplement que c'est une Droite qui se cherche, une Droite qui n'a pas encore pris conscience d'elle-même.

La Droite est tout sauf une réalité simple et homogène.

Il y a des libéraux et des antilibéraux, des protectionnistes et des antiprotectionnistes, des gaullistes et des antigaullistes, des nationalistes et des antinationalistes, des européistes et des anti-européistes, des militaristes et des pacifistes, des américanophiles et des américanophobes, des russophobes et des russophiles, des chrétiens et des nietzschéens, des aristotéliciens et des hégéliens, des démocrates et des antidémocrates, enfin — et c'est le comble ! — on trouve aussi bien des conservateurs que des progressistes.

Et la liste pourrait encore s'allonger.

Il y a même une certaine Droite, de Finkielkraut à Alain de Benoist, qui en vient à nier la pertinence du clivage gauche-Droite, puisqu'il n'est aucune valeur revendiquée par la Droite qui ne soit contestée par cette même Droite en une autre partie d'elle-même, qui ne soit ainsi estimée par la Droite comme appartenant à la gauche.

Il n'existe même plus de communisme auquel la Droite puisse unanimement s'opposer. Ce dernier fut pourtant bien utile en son temps ; c'est ainsi qu'en 1936, le danger communiste réunit malgré lui, sous la bannière du Général Franco, l'ensemble des composantes de la Droite espagnole, des républicains conservateurs aux phalangistes, en passant par les monarchistes et les généraux épris d'ordre.

Mais le communisme est mort. Mort avec l'URSS de Gorbatchev. Ceux qui s'en revendiquent ont trente ans de retard.

Le communisme est mort ; cependant, et peut-être heureusement pour nous, du moins sous un certain rapport, il reste encore une gauche.

Il reste encore une gauche, avec tout ce qui va avec, à savoir ses gauchistes, ses antifas et ses crasseux, ses dégénérés et ses pervers de tous poils, ses syndicalistes jamais satisfaits et ses adeptes de la lutte des classes, ses idéologues et ses bien-pensants, ses intellectuels à lunettes et ses philosophes (qui n'en sont pas), ses sociologues et ses politologues, ses essayistes prétentieux et ses journalistes répugnants, ses experts qui savent tout et qui ont toujours réponse à tout, ses hommes et ses femmes politiques insupportables, ses énarques orgueilleux et ses professionnels de la démagogie, ses socialistes et ses insoumis, ses écologistes qui voyagent en avion et ses donneurs de leçons qui fraudent le fisc, ses technocrates de bureau et ses bureaucrates bruxellois, ses milliers d'associations inutiles et ses ONG ridicules, ses islamogauchistes et ses laïcards antichrétiens, ses soixante-huitards et ses tiersmondistes, ses discours irrationnels et son politiquement correct, son conformisme haïssable et sa pensée unique.

Heureusement qu'elle est encore là, cette gauche insupportable à tous égards. Sans quoi, il n'y aurait plus rien à haïr. Et lorsqu'on ne sait plus quoi aimer, le seul moteur qui reste est la haine, à tout le moins le dégoût.

L'enfer gauchiste dans lequel nous vivons incite la Droite à se ressaisir et, surtout, à se redéfinir.

Or, c'est précisément à la redéfinition de la Droite que nous voudrions contribuer.

Mais sa redéfinition politique ne pourra s'abstenir d'une redéfinition philosophique. Et la raison en est que toute politique est une métaphysique en acte ; l'agir suit la pensée. Même le moins philosophe des hommes politiques agit avec une philosophie dans l'esprit ; sinon une philosophie spéculative, à tout le moins une philosophie pratique, une éthique, une philosophie de vie.

C'est donc une définition philosophique de la Droite, ou de l'*Esprit de Droite*, qu'il nous faudra tenter d'établir. Une définition qui s'applique à la Droite, *à toute la Droite,* et *rien qu'à la Droite.*

Cependant, une telle définition exigera elle-même, au préalable, une description de la psychologie de l'homme de Droite. Car la Droite n'est pas une pure abstraction, une pure Idée ; elle s'incarne dans les hommes qui s'en revendiquent. En termes aristotéliciens, nous dirons qu'elle est une Forme universelle qui s'individue dans des hommes sensibles.

Pour faire court, l'homme de Droite, c'est le réaliste, c'est celui qui admet que la vie est une lutte, et qui ne se représente donc pas la *violence naturelle*, le combat des appétits supérieurs contre les appétits inférieurs — c'est-à-dire de la volonté et de l'irascible (vertueux) contre les désirs du concupiscible —, le combat de l'esprit contre la matière, la souffrance physique ou morale, comme des maux qu'il faudrait chercher à supprimer, mais plutôt comme des exigences de la nature et de la vie humaine à accueillir joyeusement ; qui ne considère pas la confrontation avec autrui, la concurrence économique, l'inégalité ou l'arbitraire dans la distribution naturelle des dons, des chances et des infirmités, les différences de sexes et de conditions sociales, la domination du puissant sur l'impuissant, du plus fort sur le plus faible, comme autant d'injustices qu'il appartiendrait à l'utopie morale et politique de rectifier, mais comme des réalités nécessaires et honorables ; qui comprend que la volonté de puissance d'une communauté politique est signe de vitalité, que la guerre est nécessaire, qu'elle est même en soi bonne, que la colonisation, ou la domination des cultures objectivement supérieures sur les cultures objectivement inférieures, est chose légitime ; qui sait que la vie humaine n'est pas tissée par les seules relations d'amour entre les hommes, que les aspects polémiques de la vie sont essentiels au vrai progrès, que le mal physique ou psychologique est nécessaire à l'avènement du bien, bref, qu'on ne fait pas d'omelettes sans casser des œufs, n'en déplaise aux bien-pensants de tous poils.

Enfin, l'homme de Droite, c'est celui qui sait qu'on n'est pas naturellement vertueux, que la dignité se conquiert, qu'on a des devoirs avant d'avoir des droits, qu'il y a un ordre naturel qui s'impose à nous et auquel on doit se conformer, qu'être fidèle à ses engagements est un honneur, que l'amour consiste à se sacrifier, et que la vie ne vaut la peine d'être vécue que si elle est consacrée au service de ce qui nous est objectivement supérieur, à savoir de la Cité et du ***Bien commun*** de la Cité, c'est-à-dire de l'amitié politique.

L'idée de gauche, c'est une rêverie, c'est la fuite du réel ; celle de Droite : une Idée de force. L'esprit de gauche, c'est le plaisir, l'anarchie, l'infidélité, l'égoïsme ; l'Esprit de Droite : le devoir, l'ordre, l'honneur et le sacrifice. L'homme de gauche, c'est celui qui vit pour lui ; l'homme de Droite : pour sa Patrie.

Et c'est précisément cet homme radicalement et authentiquement de Droite qu'il va nous falloir commencer par décrire, avant que de nous pencher sur ce qu'est la Droite en elle-même.

C'est ainsi que nous espérons contribuer, à notre humble niveau, à la redéfinition de la Droite.

Et, par-là même, à sa refondation, si toutefois la chose est encore possible.

Partie I

PSYCHOLOGIE DE L'HOMME DE DROITE

Introduction

L'Esprit de Droite, ou le réalisme absolu

Il existe au fond trois sortes d'hommes.

Trois sortes d'hommes, parce que trois visions du monde, trois attitudes philosophiques, trois états d'esprit possibles.

Il y a ceux qui voudraient changer le réel — parce que ce dernier ne leur convient pas —, qui voudraient soumettre le réel à leurs propres idées, c'est-à-dire aux constructions de leur raison subjective ; il y a ceux qui ne cherchent pas à connaître le réel en lui-même — parce qu'ils pensent qu'on ne peut le connaître —, mais simplement à découvrir les lois de la matière, afin de pouvoir s'en servir ; et il y a ceux qui considèrent qu'on peut connaître le réel, et qui, une fois ce réel connu, l'acceptent et s'y conforment.

Les premiers sont les idéologues ; les seconds sont les empiristes ; les derniers sont les réalistes.

Or, ces trois attitudes donnent trois visions politiques : le socialisme, le libéralisme, et l'Esprit de Droite. Le socialisme — dont l'aboutissement logique est le marxisme — se ramène au fond à l'esprit de révolte, et à la volonté, aussi absurde que néfaste, de changer le réel ; le libéralisme n'est autre que le refus de reconnaître une réalité absolue, qui s'impose à la liberté, et ainsi l'esprit relativiste et pragmatique ; l'Esprit de Droite, enfin, s'identifie au réalisme, c'est-à-dire à la volonté de conformer aussi bien l'intelligence que la volonté, l'individu que la société, à la réalité objective.

Il ne faudrait pas confondre l'homme de Droite et le marxiste, sous le prétexte fallacieux que les deux ne seraient au fond que des idéologues.

Il est vrai que, contrairement au libéral, qui est par nature empiriste et relativiste, l'homme de Droite et le marxiste ont en commun d'avoir une pensée systématique et, par-là, une mentalité dogmatique, ce qui semble les rapprocher.

Mais, d'abord, il faut faire une distinction entre systématisme de forme et systématisme de fond : un système peut être rationnel dans sa forme, c'est-à-dire cohérent, sans être rationnel dans son fond, c'est-à-dire conforme à la réalité. Or un système qui n'est rationnel que dans sa forme n'est pas véritablement rationnel, et, par-là, n'est pas un véritable système. Seul l'Esprit de Droite, ou le réalisme politique, est donc proprement systématique ; car le seul système rationnel qui soit est le réel lui-même ; l'esprit de révolte contre le réel, quoiqu'il puisse être systématisé ou mis en forme de manière rationnelle, n'en demeure pas moins en soi irrationnel. Si la mentalité dogmatique de l'homme de Droite est rationnelle, celle du marxiste est en fait éminemment sentimentale ; le marxisme n'est pas moins irrationnel que le libéralisme.

De plus, puisque le systématisme de l'homme de Droite est conforme au réel, on ne peut dire que l'homme de Droite soit un idéologue, bien qu'il ait une pensée systématique et, par-là, une mentalité dogmatique. Au contraire, il est fondamentalement réaliste. Alors que le marxiste, lui, est bel et bien un idéologue : le marxisme, c'est le socialisme poussé à l'extrême, c'est-à-dire la volonté absurde et néfaste de changer le réel, érigée en système, en dogme.

★

Mais il ne faudrait pas non plus confondre l'homme de Droite et le libéral, sous le prétexte captieux que les deux ne seraient au fond que des pragmatiques, qui s'accommoderaient volontiers des injustices naturelles.

Il est vrai, en un sens, que l'homme de Droite a bien une attitude pragmatique, dans la mesure où il s'adapte au réel.

Mais son pragmatisme n'est pas du tout celui du libéral ; alors que le libéral ne cherche à s'adapter qu'à la matière, l'homme de Droite veut s'adapter à l'ensemble du réel, qui est non seulement matière, mais aussi, et surtout, Forme, Idée, et Esprit ; alors que le libéral est matérialiste — autant que le marxiste d'ailleurs —, l'homme de Droite est fondamentalement spiritualiste.

De plus, si le libéral s'adapte à n'importe quelles circonstances accidentelles, que celles-ci soient objectivement bonnes ou mauvaises, l'homme de Droite authentique, lui, ne veut s'adapter qu'au réel en tant que tel, qu'à ce qu'il a d'essentiel, de non relatif, par-là de *radicalement* bon, en tout temps et en tous lieux.

Au fond, seul le réaliste est véritablement un homme de Droite ; le libéral est, comme le socialiste, un homme de gauche.

L'Esprit de Droite, c'est la reconnaissance et l'acceptation d'une réalité objective. La mentalité de gauche, c'est au contraire le refus du réel, que ce refus soit déclaré ou tacite, positif (refus catégorique du réel — alors même qu'on le connaît —, parce qu'il ne nous convient pas) ou négatif (refus de chercher à connaître le réel, parce qu'on estime qu'on ne peut le connaître).

L'Esprit de Droite, c'est le réalisme. La mentalité de gauche, c'est le subjectivisme, que ce subjectivisme soit systématique ou relativiste, idéologique ou pragmatique, marxiste ou libéral.

Le pragmatisme libéral, autant que l'idéologie marxiste, sont fondamentalement de gauche.

Le libéral est objectivement — au sens marxien du terme — l'allié du marxiste.

Afin de bien différencier l'homme de Droite du socialiste et du libéral, nous allons tâcher de synthétiser leurs états d'esprit respectifs :

L'esprit libéral, c'est, fondamentalement, celui de Locke — justement appelé « Père du libéralisme » — : si l'on ne peut connaître que ce qui est matériel (empirisme), alors, d'une part, toutes les opinions se valent, chacun est libre de penser ce qu'il veut (relativisme, esprit de tolérance) ; et, d'autre part, la fin de la communauté politique est purement matérielle : « L'État, selon mes idées, est une société d'hommes instituée *dans la seule vue de l'établissement, de la conservation et de l'avancement de leurs intérêts civils.* J'appelle intérêts civils, la vie, la liberté, la santé du corps, la possession des biens extérieurs tels que sont l'argent, les terres, les maisons, les meubles, et autres choses de cette nature » (*Lettre sur la tolérance*). Et ainsi, une politique ne se jugera qu'en fonction de son efficacité matérielle (pragmatisme), de sa gestion de l'économie (libéralisme).

L'esprit du socialisme abouti, c'est, bien évidemment, celui de Marx ; Marx chez qui « la conscience humaine est la plus haute divinité » (*Différences des philosophies naturelles de Démocrite et d'Épicure*), la subjectivité un absolu (subjectivisme systématique), et l'indépendance le plus grand des biens (esprit de révolte) : le destin de Prométhée accroché à son rocher, et dont le foie est dévoré par l'aigle, est préférable — nous dit Marx — à celui d'Hermès, docile messager des Dieux. L'État aura donc pour tâche de supprimer toute autorité (aussi bien celle du père de famille que celle du chef d'entreprise, ou encore celle du prêtre) autre que la sienne (c'est le grand paradoxe du marxisme : pour pouvoir supprimer toute autorité, il faut en avoir le pouvoir, et il faut donc une autorité), et aura même pour mission d'effacer, dans la mesure du possible, toutes les inégalités, qu'elles soient naturelles ou sociales (égalitarisme absolu).

Enfin, l'Esprit de Droite, c'est celui des philosophes réalistes, c'est celui d'un Aristote et d'un saint Thomas d'Aquin, ou encore d'un Hegel. On nous objectera qu'Hegel est un idéaliste. Mais son idéalisme est tout réaliste ; car, pour Hegel, l'Idée n'est pas à entendre telle la construction d'une subjectivité, mais comme la Réalité elle-même, en tant qu'elle est dans Raison objective ; le réalisme absolu et l'idéalisme authentique — c'est-à-dire l'idéalisme rationnel — ne forment, *in fine*, qu'une seule et même philosophie. Et, de fait, la politique de Hegel est toute réaliste. La politique réaliste, la politique de Droite, c'est celle qui consiste à conserver les choses (la famille, l'école, le travail, l'armée, etc.) en bon ordre, c'est-à-dire à leur juste place ; à les y remettre, si on les a déplacées sans raison ou pour de mauvaises raisons ; et, ainsi, à assurer l'unité parfaite et l'harmonie de la Totalité. Or, aussi bien Aristote que Hegel prônent une telle politique.

Mais l'Esprit de Droite, c'est aussi, plus récemment, la pensée réaliste d'un José Antonio Primo de Rivera — fondateur et Chef de la Phalange espagnole, et probablement l'un des plus grands penseurs et hommes politiques de Droite du siècle dernier —, qui voyait en la Nation, en cette « unité de destin dans l'Universel » (1) comme il aimait à dire, la plus belle des réalités immanentes.

Oui, l'homme de Droite est amoureux de sa Nation, il est *nationaliste*. S'il est vraiment de Droite, il ne s'en cache pas. L'homme de Droite français sera, nécessairement, un amoureux inconditionnel de la France.

Certains diront que le nationalisme n'est autre que la haine des autres Nations ; mais c'est faux : le nationalisme, c'est l'amour de sa Nation avant celles des autres, tout en respectant ces dernières. Et, en ce sens, l'homme de Droite discerne volontiers dans le phalangisme espagnol la forme historique de nationalisme la plus accomplie, puisque celui-ci a su parfaitement conjuguer amour inconditionnel de la Nation et amour de la Civilisation européenne.

L'homme de Droite est nationaliste, parce qu'il sait que la Nation, ou la Patrie, ou la Cité — ce ne sont là, concrètement, qu'une seule et même chose (ces trois notions renvoient à la communauté politique, mais la Nation l'entend davantage sous le rapport de la réalité « matérielle », la Patrie davantage sous le rapport de l'Idée « formelle », et la Cité sous le rapport du tout en tant que tout) —, est en ce monde ce qu'il y a de meilleur, et par-là de plus aimable.

L'homme de Droite comprend naturellement que la sauvegarde de la Nation justifie tous les engagements, toutes les luttes ; que le citoyen est fait pour la Cité, et non l'inverse ; et que le sacrifice de celui qui meurt au combat, pour l'honneur et pour la gloire de la Patrie, est le plus noble des actes qu'un homme puisse poser en ce monde.

Mais le véritable nationalisme n'est pas excessif, comme le fut celui d'un Maurras ; il est au contraire rationnel, et, par-là — dans un cadre européen — pro-européen. La France fait partie de l'Europe (2), et, à ce titre, elle ne peut se passer de l'Europe. Ce n'est pas parce que l'Union européenne que nous connaissons est intrinsèquement corrompue qu'il faudrait, pour autant, rejeter l'idée même d'une Europe des Nations véritablement unie.

Le véritable nationalisme, loin d'être replié sur lui-même, est sainement ouvert au reste du monde. Car la Nation, en tant qu'unité de destin dans l'Universel, est une porte vers ce même Universel. Or, le nationalisme, c'est l'Esprit de Droite. Aussi l'homme de Droite est-il — contre toute attente — par nature ouvert.

Mais il n'est pas ouvert à toutes les idioties possibles et imaginables, pas plus qu'il n'est ouvert aux élucubrations des gauchistes. L'homme de Droite est fondamentalement réaliste. Il est donc ouvert, oui ; mais ouvert à la réalité, à toute la réalité, et rien qu'à la réalité.

Notes :

(1) « La Nation (n'est pas seulement) l'attraction de la terre où nous sommes nés (ni) l'émotion directe et sentimentale que nous sentons à l'approche de notre territoire, mais [...] c'est une unité de destin dans l'Universel » José

Antonio Primo de Rivera, *Discours aux Cortès en 1934 : Qu'est-ce que la Nation ?*

(2) « Nous sommes quand même avant tout un peuple européen, de race blanche, de culture grecque et latine et de religion chrétienne » Charles de Gaulle, cité par Alain Peyrefitte, *C'était de Gaulle.*

1. L'homme est libre et doit gouverner sa vie.

Contrairement au marxiste, pour qui l'homme n'est pas libre, mais déterminé dans tous ses actes par les lois de la matière, l'homme de Droite considère que la liberté est la propriété fondamentale de la volonté humaine.

Si le marxiste est déterministe, l'homme de Droite, lui, est rationnellement volontariste.

Et que l'homme est libre, l'homme de Droite le sait de trois manières : par son expérience intérieure, au moyen d'une preuve *a priori*, et au moyen d'une preuve *a posteriori*.

Notre expérience intérieure nous fait bien voir que nous sommes libres.

Lorsque nous posons un acte, nous sentons bien que nous en sommes à la fois le principe ou la cause, et le maître absolu ; que cet acte, fondamentalement, dépend de nous, et non de causes matérielles ou d'autres conditions extérieures.

Nous sentons bien que cet acte est le fruit d'une décision de notre part, d'un choix de notre volonté ; qu'il eût été parfaitement possible de faire le choix contraire, et, par-là, de poser l'acte contraire.

Or, une cause qui a la capacité de faire des choix, c'est précisément une cause *libre*.

Notre volonté humaine est, par nature, dotée de liberté.

Nous pouvons par ailleurs donner une preuve *a priori* de la liberté humaine.

Alors que le sens est fait pour le particulier, l'intellect humain, lui, est fait pour l'Universel. Si l'objet de notre vue est par exemple, à un moment donné, tel individu, ou tel homme singulier, l'objet de notre intelligence est l'Homme en soi, abstrait de toute détermination accidentelle, c'est-à-dire la nature ou l'essence humaine.

Or l'objet ou le bien propre de la volonté, qui est l'appétit rationnel, n'est autre que celui que la raison ou l'intelligence lui propose.

Aussi la volonté est-elle faite pour l'Universel, et ne peut-elle être contrainte que par Lui, et par Lui seul.

Mais, concrètement, dans ce monde, la volonté humaine ne croise que des objets singuliers, par-là des objets qui ne s'imposent pas à elle, qu'elle peut choisir ou refuser, aimer ou abhorrer, désirer ou fuir.

Et il résulte logiquement de cela que la volonté humaine — en ce monde — est radicalement libre.

Enfin, nous pouvons même donner une preuve *a posteriori* de la liberté humaine.

De tous temps, et dans toutes les civilisations, les sociétés ont eu leur institution judiciaire, c'est-à-dire une institution ayant pour fin de juger les actes contraires à la Loi et de condamner les auteurs de ces mêmes actes.

Or, pour être jugé coupable et être condamné, il faut être estimé responsable de ses actes ; s'il n'y a pas de responsabilité, alors il n'y a pas de culpabilité. Mais il ne peut y avoir de responsabilité sans liberté ; un chien n'est pas estimé responsable des actes qu'il pose, précisément parce qu'il n'est pas libre.

Il faut donc en conclure que les hommes se sont toujours considérés comme étant libres.

Et c'est donc, à moins de considérer le genre humain comme un tas d'idiots, que l'homme est libre.

Ainsi, l'homme est radicalement libre.

Mais, contrairement au libéral, l'homme de Droite ne fait pas de la liberté un absolu. Le libre arbitre n'est pas à lui-même sa propre fin ; il est un moyen : il est le moyen, pour l'homme, de gouverner sa vie.

« La dignité humaine, l'intégrité de l'homme et sa liberté sont des valeurs éternelles et intangibles ; mais il n'existe de liberté que dans un ordre » (José Antonio Primo de Rivera, *Textes de doctrine politique*).

Oui, parce que l'homme est libre, il a le devoir de gouverner sa vie, c'est-à-dire de lui donner un ordre, et de ne pas se laisser mener par le monde (au sens péjoratif du terme), ou par la matière, ou par les désirs de la matière qui tentent de s'immiscer en lui.

Cela ne veut pas du tout dire qu'il refuse d'obéir ; au contraire, il obéit à l'autorité, parce qu'il comprend que l'autorité a pour fin de le faire croître, de le faire grandir dans sa vie d'homme. La liberté n'est pas l'indépendance ; la liberté authentique, c'est l'autonomie, la liberté rationnelle, c'est-à-dire la liberté selon la loi de la Raison.

Mais il n'obéit pas de manière passive, comme s'il subissait la chose ; il obéit de manière active, en adhérent à ce qu'on lui demande de faire, en consentant à le faire — parce qu'on le lui demande —, et en le faisant de manière volontaire et libre, avec enthousiasme et générosité.

« *Non pareo Deo sed adsentior* : je n'obéis pas au Dieu, mais je suis en accord avec lui » (Sénèque, *Ep. mor.* 96, 2).

2. La vie comme lutte

L'homme, par sa libre volonté, doit gouverner sa vie ; il doit être actif et engagé dans l'action avec toutes ses potentialités.

Mais l'homme de Droite sait que ce gouvernement de soi n'est pas naturellement facile, qu'il nécessite un combat ; virilement conscient des difficultés réelles, et toujours prêt à les braver, il conçoit la vie comme une lutte.

Il estime qu'il appartient à l'homme de conquérir une vie vraiment digne de lui, par le dépassement de soi, c'est-à-dire le combat au service d'un Idéal supérieur. Mais il sait que l'on ne peut se dépasser que si l'on se domine pleinement. L'homme doit commencer par mener un travail sur soi, une lutte intérieure sans relâche.

L'homme de Droite comprend que la vie est une lutte, car il sait que les choses ne vont pas de soi, que la nature est faite de résistances, d'oppositions, de conflits.

Il sait que les appétits inférieurs ont naturellement tendance à se soustraire au magistère des appétits supérieurs, et que les seconds doivent, par conséquent, lutter contre les premiers afin de les dominer.

Il sait que la volonté libre a naturellement tendance à se vouloir indépendante, à s'affranchir de la raison, et qu'il faut donc qu'elle se fasse violence afin de se conformer à la raison et à ses exigences.

Il sait, enfin, que l'individu en tant qu'individu a naturellement tendance à se vouloir autonome, à s'émanciper de sa nature, et qu'il s'agit donc pour lui de se faire violence afin de se conformer à sa nature et aux lois de cette dernière.

Mais l'ennemi de l'homme n'est pas qu'intérieur à lui ; il est aussi extérieur : la matière, la nature brute, le monde sauvage qui l'entoure, tentent aussi, naturellement, de se soustraire à son magistère légitime. Or l'homme ne peut vaincre la matière et, par-là, instaurer un monde proprement humain, qu'en travaillant avec acharnement à la transformation de cette même matière.

D'où la valeur essentielle du travail, par lequel l'animal rationnel domine la nature.

Il est naturel, et donc nécessaire et désirable, que l'homme travaille : pas de repos mérité sans labeur. Et il est même nécessaire qu'il travaille avec acharnement, à la sueur de son front.

Le réalisme de l'homme de Droite est dur, parce que la Vie est elle-même dure.

3. La force, ou le moteur de la vie morale

L'homme de Droite considère qu'une vie proprement humaine est une vie vertueuse, ou conforme à la raison : « La fin des êtres raisonnables, c'est d'obéir à la raison » (Marc Aurèle, *Pensées pour moi-même*).

Or la force (*virtus* en latin), c'est-à-dire la fermeté d'âme, est le moteur de la vie morale ; car la foi et la lutte, la patience et la persévérance — qui sont les principales parties de la force — sont absolument nécessaires à l'exercice de la vertu.

De sorte que la force est la première des vertus. L'homme de Droite se veut fort en toutes circonstances. *Sustinere et aggredi*, supporter et se battre : telle est sa devise. Si l'homme de gauche est un épicurien, voire un hédoniste, l'homme de Droite, lui, se veut moralement un stoïcien.

L'homme de Droite comprend que la force est le moteur de la vie morale, parce que la vie est une lutte, et que la vertu nécessaire à la lutte est la vertu de force ;

parce que le *Thumos* — c'est-à-dire l'association de la volonté et de l'irascible — est le principe de toute la vie morale, et que la vertu propre du *Thumos* est la force, ou le courage ;

parce qu'un homme faible ne fait rien, parce que tout « ce qui est mauvais vient de la faiblesse » (Nietzsche) ;

parce que la première des lois naturelles est la loi du plus fort ;

parce que la finalité de la vie humaine consiste dans la dignité morale, dans l'honneur, dans la fidélité à son devoir, et qu'être fidèle requiert d'être persévérant malgré les épreuves, c'est-à-dire d'être fort ;

parce que l'honneur consiste aussi à servir la Cité et le Bien commun, ou l'amitié politique, et que servir, c'est faire don de sa personne, ce qui demande bien du courage ;

enfin, parce que la Patrie exige parfois que, pour elle, on aille se battre jusqu'à la mort, et que l'acceptation volontaire d'un tel sacrifice relève éminemment de la vertu de force, dans tout ce qu'elle a de noble, de glorieux, d'héroïque.

Aussi l'homme de Droite considère-t-il la force comme la première des vertus. Car c'est elle qui nous permet de mener une vie d'homme. Une vie consacrée au service de la Cité et du Bien commun.

En ce sens, l'homme de Droite voit dans le militaire l'homme le plus accompli, puisque c'est lui qui exerce le mieux la vertu de force, qui l'exerce de la manière la plus noble qui soit, en allant se battre pour la Cité jusqu'à la mort. L'homme de Droite est fondamentalement militariste. Pour lui, tout citoyen est un soldat, au moins en puissance ; tout citoyen doit être un soldat dans l'âme.

Et, avec les vertus martiales, l'homme de Droite aime à célébrer la Cité antique et le meilleur du paganisme. Il se reconnaît volontiers dans l'esprit des anciens Romains, et désire, pour sa Patrie, la gloire que Rome connut jadis grâce au courage et à l'abnégation de ses hommes.

4. La nécessité pour les appétits supérieurs de lutter contre les appétits inférieurs

L'homme de Droite est virilement conscient de la tendance — naturelle — qu'ont les appétits inférieurs à se soustraire au magistère des appétits supérieurs.

Les appétits inférieurs, ce sont les appétits de l'*Epithumia*, du concupiscible ; ce sont toutes les tendances qui découlent de la matérialité et de l'animalité de l'homme. Les appétits supérieurs, ce sont ceux du *Thumos*, de la volonté et de l'irascible vertueux ; ce sont les appétits qui relèvent du caractère spirituel et rationnel de l'homme.

Il est clair que le concupiscible n'est pas de soi vertueux : il veut toujours plus de plaisirs, et toujours plus rapidement. Il n'est jamais satisfait. Alors même qu'il a tout ce qui lui est nécessaire, il en demande encore davantage.

Or, les appétits inférieurs — en tant qu'inférieurs — doivent être soumis aux appétits supérieurs.

Il en résulte que la volonté et l'irascible doivent lutter conjointement contre les exigences désordonnées du concupiscible, afin de le dominer, de le soumettre à leurs propres exigences. Et le meilleur moyen de lutter contre la concupiscence est l'*abstinere*, c'est-à-dire le fait de s'abstenir de toutes les choses qui ne sont pas nécessaires, quand bien même elles ne sont pas de soi mauvaises.

5. La nécessité pour la volonté libre de se faire violence afin de se conformer à la raison

Si les appétits inférieurs ont naturellement tendance à désobéir aux appétits supérieurs, l'homme de Droite est aussi conscient que la volonté libre a naturellement tendance à se vouloir indépendante, c'est-à-dire indépendante de la raison, et plus généralement de tout magistère rationnel.

La volonté, c'est l'appétit rationnel, ou l'appétit qui relève *a priori* de la raison, qui appète les objets que la raison lui présente. La raison, ou *Logos*, c'est la faculté qu'a l'homme à saisir progressivement le réel, à partir de son propre fond.

Or la volonté libre, en tant que libre, cherche souvent à s'affranchir des exigences de la raison ; elle a une tendance naturelle à se faire irrationnellement volontaire, alors même que le volontarisme — pour être authentique, sain — doit être rationnel.

Mais, pour que la volonté veuille le bien, qui est son objet propre, il faut qu'elle se laisse éclairer par la raison ; il est dans son propre intérêt que la raison lui présente le bon objet à appéter.

De sorte que la volonté libre doive se faire violence afin de se conformer à la raison et à ses exigences.

6. La nécessité pour l'individu de se faire violence afin de se conformer à sa nature

Comme la volonté qui a tendance à se vouloir indépendante de la raison, l'individu tend naturellement à se vouloir autonome, à s'émanciper des lois de sa nature et à se donner ses propres lois.

L'individu, c'est ce en quoi est impliquée la Forme universelle, c'est le sujet considéré dans sa matérialité (l'individuation de la Forme s'opère par la matière) ; la nature, ou Forme universelle, ou Idée (l'*Eidos* en grec), c'est l'archétype (d'un point de vue théorique) ou le paradigme (d'un point de vue pratique) du sujet, son modèle originel et, par-là, le modèle auquel il est appelé à se conformer.

Or l'individu en tant qu'individu, c'est-à-dire en tant que matériel, tend naturellement à affirmer sa singularité, à se distinguer des autres individus qui partagent la même nature, mais aussi — et c'est là qu'est le problème — à se différencier de sa propre nature.

L'individu, en tant que participant à une nature universelle, est appelé à se conformer à cette nature, c'est-à-dire à obéir à ses lois.

De sorte que tout homme doit se faire violence, afin de se soumettre aux lois de son humanité ; même la raison individuelle — la raison subjective — doit chercher à se conformer à la Raison objective de sa nature. Et cela, l'homme de Droite l'intègre parfaitement, et agit en conséquence.

L'homme de Droite est un homme d'ordre.

Mais, avant de chercher à mettre de l'ordre dans la société, il faut commencer par mettre de l'ordre en soi-même.

Aussi le véritable homme de Droite se fait-il un devoir de mettre de l'ordre en lui, c'est-à-dire d'ordonner son *Epithumia* à son *Thumos*, son *Thumos* à son *Logos*, et son *Logos* à son *Eidos*, comme il convient à un homme ; ou, pour le dire autrement, de soumettre ses appétits inférieurs à ses appétits supérieurs, sa volonté libre à sa raison, et sa subjectivité à son humaine nature.

7. La nécessité de la souffrance

L'homme de Droite n'est pas un optimiste béat ; il sait que la souffrance, qu'elle soit physique ou psychologique, est un passage obligé, une nécessité de la vie humaine, qu'elle ne peut pas ne pas être.

Mais si elle est nécessaire, c'est qu'elle est naturelle ; or, tout ce qui est naturel est de soi bon ; aussi l'homme de Droite comprend-il que la souffrance est une chose bonne, qu'elle contribue à l'élévation de l'homme.

À défaut de la désirer, l'homme de Droite se fait donc un devoir de l'accepter et de ne pas se révolter contre elle.

La souffrance physique est une nécessité dans la vie de l'homme.

En effet, l'homme n'est pas qu'esprit ; il est esprit *incarné*, il est composé de matière. Et la matière est par nature corruptible, c'est-à-dire qu'elle est par nature en puissance à se corrompre, à se dissoudre. Aussi l'homme est-il par nature sujet à la corruption, du moins dans sa matérialité.

Mais l'homme est *animal*, il est doté de sensibilité. De sorte que cette corruption est sentie par lui. Et la sensation liée à la corruption est nécessairement souffrance, puisqu'elle va contre l'intégrité de l'être.

Aussi est-il naturel et nécessaire que l'homme souffre dans sa chair.

Mais une telle souffrance est bonne ; car, plus l'homme souffre dans son corps, plus il s'en détache, et plus il s'attache à la partie la plus fondamentale de son être, qui est son esprit. L'esprit humain, pour être pleinement esprit, doit pour ainsi dire se faire victorieux de la matière en laquelle il est impliqué ; et cette victoire commence par le détachement de la matière et de ses exigences désordonnées.

Mais la souffrance de l'homme n'est pas que physique ; elle est aussi et surtout psychologique.

Car l'homme, en tant que composé d'une âme spirituelle et d'un corps, de rationalité et d'animalité, est le sujet d'un conflit nécessaire ; c'est en lui que l'Esprit et la matière s'affrontent ; et, à ce titre, c'est en lui que l'Esprit doit se faire victorieux de la matière.

Mais le combat, la lutte, implique nécessairement la souffrance.

Aussi l'homme en vient-il nécessairement à souffrir moralement ; le conflit interne à son être ne peut être que douloureux ; la victoire des appétits supérieurs sur les appétits inférieurs, de la raison objective sur la liberté subjective, de l'Universel sur l'individualité, ne peut se faire sans souffrance.

Mais, parce qu'elle est naturelle, cette souffrance morale est bonne : c'est grâce à elle que l'homme se conforme à sa nature humaine, qu'il devient pleinement Homme, et, par-là, qu'il accède à son véritable bonheur.

Ainsi, l'homme de Droite accepte les souffrances de la vie, qu'elles soient physiques ou psychologiques, parce qu'il comprend qu'elles font partie intégrante de la vie humaine.

Mais surtout, parce qu'il sait que l'homme ne grandit vraiment que dans l'épreuve : c'est dans l'épreuve, et seulement dans l'épreuve, que l'homme peut actuer toutes ses potentialités, toutes ses énergies, qu'il peut se révéler à lui-même. Seule l'épreuve permet à l'homme de faire ses preuves.

C'est dans la souffrance que l'homme peut faire preuve de courage, de patience et de persévérance.

C'est dans la souffrance que se révèlent l'honneur, la fidélité et l'amitié véridique.

C'est dans la souffrance, enfin, que l'Esprit se fait victorieux de la matière.

Si l'esprit de gauche (mais peut-on parler d'esprit ?) est fondamentalement un matérialisme — qu'il s'incarne dans le libéralisme ou le marxisme —, l'Esprit de Droite, lui, est radicalement spiritualiste.

8. Le suicide comme lâcheté

Puisque la souffrance est une nécessité de la vie humaine, l'homme de Droite voit dans la fuite de celle-là une lâcheté. Or, le suicide est la fuite même de la souffrance.

Aussi, l'homme de Droite réprouve le suicide, en lequel il ne discerne rien d'autre que la lâcheté poussée à son paroxysme.

Celui qui se suicide est tel un déserteur qui fuit le combat, et qui, dans l'acte même de fuir, trahit ses engagements, ses amis, sa Cité. Oui, le suicide est une trahison.

Une trahison encore plus indigne que la pire des désertions ; car, en se suicidant, on trahit ce à quoi on doit tout, ce à quoi on doit l'existence, et la possibilité même de trahir.

On trahit la Vie.

S'il réprouve le suicide en général, l'homme de Droite condamne en particulier cette forme de suicide qu'est l'« aide au suicide », ou « suicide assisté » — c'est-à-dire assisté par un médecin —, que nos démocraties occidentales abreuvées d'hédonisme légalisent et promeuvent.

Des souffrances, qu'elles soient physiques ou psychologiques, ne sont jamais « intolérables ». L'homme est doté d'une volonté, qui lui permet de supporter les pires tourments et de continuer à se battre malgré les épreuves de la vie ; et c'est là que, précisément, réside la véritable dignité de l'homme. Aider une personne à se suicider n'est donc pas l'aider à « mourir dans la dignité », mais au contraire collaborer à le faire déchoir de sa dignité humaine.

Quant à l'euthanasie, qui est la pratique consistant pour un médecin à provoquer volontairement le décès d'un individu en raison de souffrances prétendument intolérables, l'homme de Droite la considère tout simplement comme un homicide.

Un médecin qui pratique l'euthanasie est un meurtrier, et, de surcroît, un parjure, puisqu'il trahit le serment d'Hippocrate qu'il a prêté en devenant médecin et qui lui interdit explicitement de mettre fin à la vie de quiconque, en particulier d'un patient dont il a la charge.

Enfin, les sociétés qui légalisent et promeuvent de telles pratiques — suicide médicalement assisté ou euthanasie — sont des sociétés indignes. Mais surtout, elles se suicident elles-mêmes : une Cité qui tue ses anciens, qui ne respecte plus ses Pères, qui ne leur donne pas les moyens de finir leurs jours dignement — c'est-à-dire avec honneur —, n'est plus une Patrie, et, par-là, n'est plus une Cité, puisque le constitutif formel d'une Cité, c'est précisément l'Idée de Patrie, ainsi que la Volonté efficiente — conjointe à cette Idée — d'être fidèle à ses Pères.

9. L'Esprit de Droite : un inégalitarisme et un hiérarchisme fonciers

L'homme de Droite sait que la nature est faite de différences, et qu'il y a des différences au sein même de la nature humaine.

C'est un fait tangible : il y a des hommes et des femmes, des blancs et des noirs, des grands et des petits, des forts et des faibles, des bien-portants et des maladifs, des beaux et des laids, des extravertis et des introvertis, des véhéments et des non-véhéments, des intelligences davantage portées vers le contempler, d'autres vers l'agir et d'autres vers le faire, des esprits intuitifs et des esprits déductifs, des meneurs et des suiveurs, des hommes faits pour dominer et d'autres faits pour obéir, des artistes et des gens qui n'entendent rien à l'art, etc.

Or, *contra factum, non fit argumentum* ; il n'y a pas de théorie qui tienne devant les faits. Les différences parmi les hommes sont donc absolument naturelles.

Et l'homme de Droite voit en ces différences naturelles des choses bonnes, en tant qu'elles contribuent à la richesse de l'humanité, et même à son harmonie : les différences se complètent et, en se complétant, collaborent à l'unité du tout.

★

Mais l'homme de Droite comprend, par-là même, qu'il n'existe pas d'égalité stricte, ou arithmétique, entre les hommes. Puisqu'il y a des différences radicales au sens de l'humanité, et que l'égalité arithmétique est fondée sur l'identité absolue, une telle égalité est une chimère, un mythe.

Et dans la mesure où une telle égalité n'est pas dans la nature, l'homme de Droite l'estime non seulement impossible, mais même indésirable. Il ne cherche pas à « gommer les différences » pour parvenir à une telle égalité, d'abord parce que, ces différences étant naturelles, il sait qu'il ne parviendra pas à les gommer ; et ensuite parce qu'il ne cherche pas du tout une telle égalité, qui serait opposée à l'harmonie des choses.

Aussi l'homme de Droite se différencie-t-il de l'homme de gauche par son inégalitarisme radical.

Alors que le second fait de l'égalité un absolu, le premier, lui, comprend l'inégalité comme une propriété fondamentale de la nature et de toute entité sociale.

Et parce qu'il n'y a pas d'égalité, l'homme de Droite croit en la hiérarchie.

De même qu'il existe une hiérarchie entre les genres d'êtres naturels (les animaux sont supérieurs aux végétaux, et les végétaux aux minéraux), ainsi qu'entre les espèces d'un même genre (les aigles sont objectivement supérieurs aux poules, et les poules aux mouches), de même y a-t-il une hiérarchie entre les individus d'une même espèce, et en particulier entre les individus de l'espèce humaine.

Il existe au sein de l'humanité une hiérarchie naturelle, fondée principalement sur l'intelligence et la force de volonté ; une hiérarchie que l'homme de Droite ne veut pas supprimer, comme si elle était une injustice, mais qu'il veut au contraire protéger, défendre et promouvoir, en tant que cette hiérarchie est conforme à l'ordre naturel et, par-là, une chose légitime.

L'Esprit de Droite se caractérise donc par un hiérarchisme foncier. Pour l'homme de Droite, la société politique est naturellement hiérarchique, et elle doit l'être pour parvenir à sa fin.

10. La différence des sexes est naturelle et bonne.

« Le bon sens est la chose du monde la mieux partagée » put dire Descartes en son temps.

Il semble que ce ne soit plus le cas, puisqu'il y a, de nos jours, des gens assez fous — et qui plus est en grand nombre — pour nier la différence la plus évidente et la plus fondamentale qui soit au sein de l'humanité.

La différence entre l'homme et la femme.

L'homme de gauche, non content de s'attaquer aux inégalités sociales, veut supprimer aussi la différence des sexes.

Pour l'homme de Droite, la différence entre l'homme et la femme est un fait de nature, qui ne se démontre pas, mais qui se constate.

Il n'y a pas un sexe, ni trois, ni quatre, ni une infinité de sexes en puissance, mais deux, et deux seulement : le sexe masculin et le sexe féminin. Il y a des individus qui naissent hommes, et d'autres femmes : c'est ainsi.

Et quand bien même un homme voudra devenir femme, il demeurera radicalement homme ; *idem* pour la femme : quand bien même elle voudra se faire homme, elle demeurera radicalement femme. Celui qui naît homme mourra homme, et celle qui naît femme mourra femme. Le transsexualisme est un délire.

Même les techniques scientifiques les plus sophistiquées, même les théories philosophiques ou sociologiques les plus alambiquées — telles que ladite « théorie du genre » —, ne parviendront pas à gommer la différence des sexes, ou même à la modifier.

De même, l'homme de Droite sait qu'il faudra toujours un homme et une femme pour faire un enfant, qu'un spermatozoïde et un ovule seront toujours nécessaires à la procréation. Car cela relève de la nature, et que la nature ne change pas. Il n'y a pas de « parents 1 » et de « parents 2 » ; il y a des pères et des mères. Les enfants le savent.

Lorsqu'ils n'ont pas encore été déformés par l'Éducation nationale, les enfants ont plus de bon sens que les gauchistes, et ils leur rient au nez.

Mais, si l'homme de Droite considère la différence homme-femme comme étant un fait de nature, il la considère en outre comme une chose bonne, et même belle, qui fait toute la richesse de l'humanité et l'harmonie des communautés naturelles, qu'il s'agisse de la famille ou de la communauté politique.

L'homme, c'est l'autorité, la rationalité froide, l'implacable et rigoureuse justice, la force combattante ; la femme, c'est l'affection, l'intuition du cœur, la compréhension et la mansuétude, la patience et la douceur. L'homme tempère les élans généreux de la femme ; la femme tempère les ardeurs belliqueuses de l'homme.

Dans la famille, la mère apporte à l'enfant la nourriture, la tendresse et l'amour, l'instruction et le goût des belles choses ; le père, la force de caractère, la rigueur et la fermeté, le sens du Bien commun et de l'honneur. Un enfant a besoin d'un père et d'une mère pour être équilibré. Lorsqu'il manque un des deux parents, l'éducation de l'enfant en pâtit, qu'on le veuille ou non.

Dans la Cité, l'homme apporte l'ordre et la discipline ; la femme, un peu de souplesse et d'humanité. S'il n'y avait que des hommes, les sociétés seraient continuellement en guerre ; s'il n'y avait que des femmes, il n'y aurait tout simplement plus de société.

On dira que ce sont là des « stéréotypes », des « clichés ».

Mais c'est tout simplement la réalité. Et, cette réalité, le bon sens la découvre à lui seul.

Enfin, l'homme de Droite est « hétéro-sexualiste ». Il considère que l'homme est fait pour la femme, et la femme pour l'homme. L'homosexualité, qu'on le veuille ou non, n'est pas un fait « naturel », « spontané », n'est pas une chose « normale ». Il y a toujours eu plus d'hétérosexuels que d'homosexuels ; et il en sera toujours ainsi.

Et, par conséquent, il rejette avec force ce délire qu'est le « mariage homosexuel » ; un délire qui est de surcroît une absurdité, puisque marier, c'est unir deux choses différentes, hétérogènes.

Un délire qui, lorsqu'il s'accompagne du « droit à l'adoption » pour les homosexuels est tout simplement la pire horreur qu'ait jamais inventée l'humanité, car on détruit des enfants, et, par-là même, toute la société.

Oui, l'homme de Droite est foncièrement *conservateur*.

Mais il ne l'est certainement pas par esthétisme, ni par sentimentalisme ; il l'est au contraire par réalisme. Car le réel est conservateur : il est toujours égal à lui-même, il demeure.

Et il s'oppose pour ainsi dire naturellement à ceux qui voudraient le changer.

11. Il y aura toujours des pauvres.

L'homme de Droite est réaliste. Or, il constate que, dans toutes les sociétés, il y a toujours eu des pauvres, c'est-à-dire des gens qui possédaient moins que la moyenne ; et, par-là même, il comprend que ce sera toujours le cas, qu'il y aura toujours des pauvres, et que la suppression totale de la pauvreté relève de l'utopie.

Parce que la nature est, par nature, inégalitaire, que la distribution de ses dons est inégale, l'homme de Droite ne croit pas en l'égalité des chances, et comprend qu'il y aura donc toujours des gens qui s'en sortiront moins bien que les autres.

Et l'échec des régimes communistes du siècle dernier le renforce dans cette opinion ; l'égalité absolue est impossible, même dans le domaine économique.

La seule égalité stricte qui, à la limite, soit possible, c'est l'égalité dans la pauvreté. De même qu'une société d'égaux sur le plan intellectuel ne peut être qu'une société d'imbéciles, de même une société d'égaux sur le plan économique ne peut-elle être qu'une société de pauvres.

Cependant, cela ne veut pas dire que l'homme de Droite ne combatte pas la misère sociale ; au contraire, il la combat virilement, comme toute misère. Il a pitié des misérables.

L'homme de Droite ne veut pas « que, dans une maison d'affamés, l'on accorde des droits individuels qui ne pourront jamais se réaliser, mais que l'on donne à tout homme, à tout membre de la communauté politique, par le seul fait qu'il en fasse partie, le moyen de gagner, par son travail, une vie humaine, une vie juste, une vie digne de ce nom » (discours de José Antonio Primo de Rivera du 29 décembre 1933).

Nous avons ici, en quelques mots, le programme d'une économe saine et équilibrée : l'État doit faire en sorte que tous les membres de la communauté aient de quoi mener une vie décente, parce qu'on ne peut espérer amener les gens à la vertu de l'âme s'ils n'ont même pas de quoi nourrir leur corps ; cependant, c'est en leur offrant un travail, et non par des allocations, que l'État doit y parvenir, car l'acquisition de la vertu commence par le travail.

Or, l'homme de Droite reste aussi virilement conscient du fait qu'il y aura toujours des paresseux qui ne voudront pas travailler, et qui, par conséquent, demeureront dans la pauvreté et la misère, malgré tous les efforts que la société fera pour les en sortir. Et, pour un homme de Droite, de telles gens ne méritent même pas qu'on les aide.

L'homme de Droite ne croit pas en des « droits naturels subjectifs » que la société aurait pour fin de garantir.

Il croit au mérite, et à lui seul.

12. La domination du fort sur le faible comme nécessité

Pour l'homme de Droite, la première des lois de la nature est la loi du plus fort, c'est-à-dire la loi du plus robuste, du plus courageux et du plus tenace, du plus véhément et du plus combatif.

Par-là, il voit en la domination du fort sur le faible, ou du puissant sur l'impuissant, une chose naturelle et nécessaire.

L'homme de Droite comprend que la première des lois est la loi du plus fort par la simple observation du réel. Il constate en effet qu'il y a une lutte naturelle entre les espèces animales, et que cela entraîne nécessairement la souffrance pour les plus faibles, voués à être éliminés par les plus forts.

Et il comprend que cette loi du plus fort est bonne.

Le loup qui dévore l'agneau chante à sa manière la gloire de la Nature. La férocité sanglante du premier, autant que la douceur ensanglantée du second, expriment toutes deux la prodigieuse richesse de la Nature, capable d'assumer superlativement des perfections radicalement contraires, dans les êtres de natures diverses qu'elle produit.

Et si les choses sont ainsi parmi les animaux, l'homme de Droite comprend qu'il en est de même pour l'homme, qui est un animal — même si les rapports de force entre les hommes ont vocation à être moins violents, puisque l'homme est animal rationnel.

L'homme de Droite considère donc la domination de l'homme sur l'homme comme un fait de nature.

Et il fait volontiers siens les propos suivants d'Aristote : « La domination et l'obéissance ne sont pas seulement choses naturelles. Elles sont aussi choses bonnes. Quelques êtres, du moment même qu'ils naissent, sont destinés, les uns à obéir, les autres à dominer — bien qu'avec des degrés et des nuances très diverses pour les uns et pour les autres » (*Politique*, I, 2).

Oui, l'homme de Droite conçoit la domination de l'homme sur l'homme comme une chose radicalement bonne — puisque la Nature l'a voulu ainsi —, y compris pour ceux qui sont dominés. Car certains hommes ne savent pas se dominer eux-mêmes, en raison de leur faiblesse morale, de sorte qu'ils doivent être dominés par d'autres, plus forts — moralement —, pour se conformer à la loi naturelle.

13. L'homme, animal social et politique

L'homme de Droite adhère très volontiers à l'opinion d'Aristote qui définit l'homme comme étant « par nature un animal politique » (*Politique*, I, 2). C'est même, d'après lui, le fondement de toute philosophie politique.

Mais il n'y adhère pas comme à une espèce de postulat *a priori* ; il y adhère parce que c'est là la conclusion d'une observation attentive de la nature humaine.

La première spécificité de l'homme est le langage, entendu comme moyen de communication impliquant une *réciprocité* ; or, une telle aptitude naturelle ne peut se réaliser que dans le rapport à l'autre.

De surcroît, l'homme n'est pas aussi protégé par la nature que les autres animaux (il n'a ni corne, ni griffe, ni vélocité dans la fuite…) et naît incapable de subvenir à ses propres besoins, demeurant tel jusqu'à un âge relativement avancé ; c'est donc qu'il a besoin d'une première société, qu'on appelle *famille*, pour subvenir à ses besoins.

Aussi est-il clair, pour l'homme de Droite, que l'homme est naturellement *social*.

Mais les besoins de l'homme sont loin de s'arrêter là. En effet, la famille a besoin de corps intermédiaires (qui lui proposent du travail d'une part, et des biens et services d'autre part) pour réussir à survivre ; et ces derniers, d'une société supérieure qui les organise : la société politique.

De plus, l'homme étant un animal *rationnel*, il recherche non seulement à *vivre* mais aussi et surtout à *bien vivre* : l'homme en tant qu'homme ne peut s'accomplir que dans le cadre d'une société qui, dans un premier temps, contribue à son instruction et à son éducation, et dans un second temps, lui donne l'occasion de transmettre son savoir (le bien spirituel étant fait pour être communiqué) et de pratiquer la justice, en particulier la vertu de justice filiale — autrement appelée piété filiale (la fameuse *pietas* des Romains). Or une telle société ne peut être que la communauté politique ; communauté qui est logiquement celle de nos Pères, et que l'on nomme en conséquence *Patrie*.

Aussi est-il clair, pour l'homme de Droite, que l'homme est naturellement *politique*.

L'homme de Droite considère donc comme une vérité certaine que « l'homme est par nature un animal politique », et, ainsi, qu'il lui est naturel d'appartenir à une famille, à des corps intermédiaires, et à une Cité ou un État.

« Nous devons commencer par l'homme et passer par ses unités organiques, et ainsi nous monterons de l'homme à la famille, de la famille à la ville et au syndicat, et nous terminerons dans l'État qui sera l'harmonie du tout » (José Antonio Primo de Rivera, *Textes de doctrine politique*).

14. Le citoyen est pour la Cité.

Pour l'homme de Droite, ce n'est pas la Cité qui est faite pour le citoyen, mais le citoyen qui est fait pour la Cité.

L'homme doit tout à sa famille et à sa Cité : il leur doit l'existence, tout ce qu'il a (ses biens) et tout ce qu'il est (sa valeur d'homme). Or, quand on doit tout à quelqu'un, on se met à son service. L'homme a donc le devoir moral de servir la famille et la Cité auxquelles il appartient naturellement.

Mais la Cité est plus parfaite que la famille ; et ce qui est moins parfait est au service de ce qui est plus parfait. De sorte que la famille est ordonnée à la Cité, et que l'homme, en servant sa famille, sert la Cité elle-même. Même l'enfant est fait pour la Cité.

Par ailleurs, l'homme de Droite sait que la Cité est plus parfaite que l'homme lui-même. En effet, le tout est — de soi — plus grand que la partie ; or, ce qui est plus grand est meilleur ou plus parfait que ce qui est plus petit. De sorte que le tout est meilleur et plus noble que la partie : le gâteau tout entier est meilleur qu'une seule part de gâteau ; la ruche est plus noble que l'abeille ; le corps est plus noble qu'un seul membre.

Mais l'homme fait naturellement partie d'une famille, de sorte que la famille est meilleure que lui-

même — pris isolément — ; de même, il fait naturellement partie d'une Cité, et ainsi la Cité est meilleure que lui.

Et puisque servir ce qui est objectivement supérieur à nous est un honneur, l'homme de Droite
comprend que c'est précisément dans le service de
la Cité — qui est la plus parfaite des communautés — que consiste l'honneur de l'homme.

Enfin, pour l'homme de Droite, il est clair que
toutes les parties sont ordonnées à la perfection du
tout, de telle sorte qu'elles doivent se sacrifier pour
lui s'il le faut. Cela se constate par l'observation de
la nature : le membre est fait pour le corps et non
l'inverse : c'est ainsi que la main protège naturellement le corps s'il est attaqué, ou que l'on coupe un
membre si jamais il est néfaste pour la vie du corps ;
de même, l'abeille est au service de la ruche, à tel
point qu'elle est prête à mourir pour cette dernière.

Or le citoyen est fondamentalement à la Cité ce
que la partie est au tout. Par conséquent, il faut dire
que tous les citoyens sont ordonnés à la Cité, de
sorte qu'ils doivent se sacrifier pour elle si la chose
est nécessaire.

La raison d'être du citoyen, dans l'Esprit de
Droite, n'est autre que la Cité elle-même. Et une raison d'être justifie tous les sacrifices.

Jusqu'au sacrifice même de sa vie.

15. L'autorité est chose nécessaire et honorable.

L'homme de Droite, contrairement au libéral et au marxiste, conçoit l'autorité comme une chose nécessaire et honorable.

L'autorité — terme qui vient du latin *augere* : augmenter — a pour fin naturelle de faire croître ceux qui y sont soumis, c'est-à-dire de les faire grandir en vertu. Sans autorité, l'homme ne peut devenir vraiment homme.

Aussi l'homme de Droite respecte-t-il et honore-t-il l'autorité, qu'elle soit celle du père de famille, du supérieur hiérarchique dans une entreprise, ou du chef d'État.

Dans l'Esprit de Droite, si un homme est objectivement supérieur aux autres en sagesse et en vertu, il est normal qu'il emploie cette supériorité au service des autres.

En effet, les plus sages et les plus vertueux dominent naturellement les moins sages et les moins vertueux, non en raison d'une volonté de puissance, mais parce qu'ils veulent servir par leur sagesse et leur vertu ; ces dernières, en tant que biens spirituels, appellent de soi à être communiquées.

Aussi leur autorité est-elle bonne.

De plus, l'autorité est nécessaire parmi les hommes dans la mesure où l'homme est par nature animal social et politique.

La vie d'une multitude ordonnée exige un homme qui recherche le bien de cette multitude ; en effet, plusieurs hommes recherchent nécessairement plusieurs buts, alors qu'un seul homme n'en recherche qu'un. Quand plusieurs hommes sont ordonnés à une même fin, on en trouve toujours un qui prend la tête et qui gouverne.

Aussi est-il nécessaire qu'il y ait une autorité dans toute communauté.

Et cela est d'autant plus vrai pour la Cité. Car le Bien commun de la Cité est la vie du tout, ou son unité (un tout n'est véritablement un *tout* que s'il est *un* tout), et qu'on ne donne que ce qu'on a ; de sorte qu'il faut qu'un seul homme domine sur les autres pour faire parvenir le peuple à son bien ; un homme qu'on appelle Chef.

« Le Chef ne doit pas obéir au peuple, il doit le servir, ce qui est différent ; le servir, c'est ordonner l'exercice du commandement pour le bien du peuple » (José Antonio Primo de Rivera, *Textes de doctrine politique*).

L'autorité politique est donc chose nécessaire et honorable.

Or, dans la mesure où concrètement, c'est l'État qui détient l'autorité politique, l'homme de Droite tient l'État en respect et l'honore. Et il considère en outre qu'il est légitime que l'État soit fort, puissant, afin de pouvoir poursuivre le Bien commun de manière efficace.

16. La nécessité de la confrontation avec autrui

L'homme de Droite sait que ses appétits inférieurs tentent naturellement de se soustraire au magistère de ses appétits supérieurs, et, par conséquent, qu'il doit lutter contre lui-même et se dominer.

Mais il sait aussi que la culture de la domination sur soi-même ne peut être effective sans celle de la volonté de puissance, ou de domination sur autrui, ni sans l'entretien du désir de vaincre l'ennemi extérieur à soi. À prétendre se maîtriser sans la médiation d'un obstacle extérieur à soi sur lequel s'éprouver, la force se court-circuite, et finit par se dissoudre dans les fumées d'une velléité.

C'est en tant que dirigée vers un objet extérieur que la force apprend à se déployer ; c'est en apprenant à se déployer qu'elle s'actualise vraiment ; et c'est une fois — et une fois seulement — qu'elle s'est actualisée qu'elle peut se prendre — c'est-à-dire prendre celui qui est son sujet en tant qu'il est son sujet — pour objet.

Aussi l'exercice de la force, de la domination de soi, nécessite-t-il un objet extérieur qui soit pris pour obstacle ; un obstacle contre lequel se battre, contre lequel lutter ; un obstacle à vaincre et à dominer.

Mais cet obstacle doit être de même nature que celui visé finalement, ainsi de même nature que soi. Il ne peut donc être, concrètement, que celui qui partage la même nature humaine ; il ne peut être qu'autrui.

Il ne peut être qu'autrui, parce que seul autrui est à la fois un *autre* et un autre *soi-même*.

Ainsi, l'homme de Droite voit en la confrontation avec autrui une nécessité de la vie.

Mais, en tant qu'il est animal *rationnel*, l'homme de Droite comprend que cette confrontation doit se faire de manière rationnelle, c'est-à-dire pour des motifs rationnels. L'homme de Droite ne cherche pas à se confronter avec n'importe qui ; il ne se confronte qu'avec ceux qui, objectivement, sont ses ennemis — et la nature fait bien les choses : nous avons toujours des ennemis.

Les ennemis de l'homme de Droite en tant qu'il est homme de Droite, ce sont avant tout les ennemis de la Cité à laquelle il appartient, qu'ils soient intérieurs ou extérieurs à elle.

Les ennemis extérieurs à la Cité, ce sont ceux contre qui la Cité est en guerre — lorsqu'elle est en guerre. Les ennemis intérieurs, ce sont les hommes de gauche, qu'ils soient au pouvoir ou dans la rue — et il y en a toujours ; aujourd'hui, nous avons les deux.

Enfin, parce que la première des confrontations est la confrontation physique, l'homme de Droite ne refuse pas de se battre physiquement, lorsque la chose est nécessaire, ou à titre d'entraînement.

Aussi a-t-il un penchant naturel pour les sports de combat, en particulier pour la boxe anglaise en laquelle il discerne le *noble art*.

Mais il est à noter que les sports de combat — ainsi les sports dont la finalité est de dominer l'autre — contribuent aussi à la culture de la domination de soi, c'est-à-dire de la maîtrise de ses passions, puisque le concupiscible doit y être subordonné à l'irascible, et l'irascible à la volonté.

17. Les bienfaits de la concurrence économique

L'homme de Droite considère la concurrence économique, ou la présence simultanée de plusieurs entreprises agissant de façon rivale sur un même marché, comme une chose bonne et désirable.

D'abord, parce que la confrontation est une chose nécessaire et bonne, et que la concurrence est une forme de confrontation ;

ensuite, parce que la concurrence favorise la volonté d'être meilleur que l'autre et, par-là, celle de toujours soi-même être meilleur, ainsi l'esprit de perfection, la persévérance dans le travail et le travail bien fait ;

enfin, parce que la concurrence rationalise naturellement les prix.

Aussi l'homme de Droite rejette-t-il toute forme de monopole, y compris les monopoles de services publics — dans le domaine économique. Car de tels monopoles favorisent la paresse et la médiocrité. Le comble en étant le service public et payant qui, profitant de son caractère exclusif, instaure des prix démesurés.

L'homme de Droite est donc favorable à un système économique fondé sur la libre concurrence entre les entreprises, c'est-à-dire entre les organisations investies dans l'économie réelle (donc non financière). Il est *entreprenaliste*. Il comprend que la société ne peut être vivante que s'il y règne un véritable esprit d'entreprise et d'initiative — tant à l'échelle individuelle que collective.

Mais, parce qu'aucun champ de la vie humaine n'échappe à la loi morale, l'homme de Droite veut que cette libre concurrence demeure loyale et, par conséquent, que l'État — dont la mission est certes essentiellement politique, mais aussi éthique en tant que la politique se fonde sur l'éthique, — impose à l'économie un minimum de règles. Aussi l'homme de Droite est-il antilibéral et étatiste.

Et, parce qu'il est nationaliste, il veut que cette économie libre soit nationale et il est donc favorable au protectionnisme.

S'il est vrai que l'homme de Droite, qui est spiritualiste, ne considère pas la prospérité matérielle de la Nation comme la finalité de la chose politique, il voit cependant en elle une condition *sine qua non* de la réalisation du Bien commun ; le *bene vivere* (spirituel) dépasse le simple *vivere* (matériel) mais, précisément parce qu'il le dépasse, il l'assume : sans *vivere*, pas de *bene vivere* possible.

Aussi l'homme de Droite considère-t-il la prospérité économique de la Nation comme une chose fondamentale, que l'État n'a pas à négliger, mais qu'il se doit au contraire d'assurer, en tant qu'il a charge du Bien commun.

D'autant que les entreprises, qui constituent le moteur de la prospérité économique, sont aussi la clef de voûte de l'unité de la Cité : elles sont en effet les principales communautés intermédiaires entre les familles et la Cité, et ont, à ce titre, un rôle majeur à jouer dans la poursuite de l'harmonie sociale.

Le développement des entreprises d'une Nation témoigne non seulement de la vie économique de cette Nation, mais aussi, dans une certaine mesure, de sa vie spirituelle, proprement humaine.

Les entreprises, destinées à consolider la vie, à procurer aux citoyens des moyens communs de perfectionnement, sont aussi diverses et nombreuses que les besoins eux-mêmes de la vie humaine. Elles s'échelonnent à partir des activités les plus matérielles et les plus grossières (au sens premier et non péjoratif du terme) jusqu'aux manifestations les plus élevées de l'Esprit.

Elles encadrent, soutiennent et affermissent les efforts de tous les individus. Elles mettent à profit toutes les techniques particulières. Elles mobilisent tous les savoirs et tous les savoir-faire, de manière à intensifier, le plus possible, la perfection de la vie. Leur engrenage sur le politique se fait par l'intermédiaire de leur fin, laquelle constitue la première part du Bien commun.

Les entreprises libres qui composent une Nation rendent par elles-mêmes témoignage, non seulement de sa vie économique, mais aussi, à leur manière, de sa mentalité, de son degré de civilisation, de sa trempe morale, de son avancement intellectuel et artistique, bref, de son climat général de culture.

18. La nécessité de la guerre et l'imposture de la paix perpétuelle

L'homme de Droite voit en la guerre une nécessité.

De fait, il y a toujours eu des guerres : l'histoire de l'humanité est une histoire de conflits. Et il est donc très certain qu'il y en aura toujours.

Mais surtout, l'homme de Droite sait qu'il est dans la nature d'une culture de vouloir s'universaliser, par-là de chercher à s'imposer, au prix, s'il le faut, de la destruction de la culture voisine.

Une Cité, pour lui, doit être animée d'une volonté de puissance et de domination si elle veut continuer à vivre.

Aussi l'homme de Droite considère-t-il l'aspiration d'une Nation à l'Empire, c'est-à-dire à la domination sur d'autres Nations, comme une preuve de vitalité, et, au contraire, l'esprit casanier comme un signe de décadence. Les Nations qui naissent sont impérialistes ; celles qui meurent sont des renonciatrices.

Et cette volonté de puissance entraîne nécessairement la guerre.

Par conséquent, l'homme de Droite croit en la nécessité de la guerre ; et, conjointement, il voit en la « paix perpétuelle » une utopie, et en la promesse d'une telle paix une pure imposture.

19. La guerre comme preuve de noblesse

L'homme de Droite, non seulement ne croit pas à la possibilité de la « paix perpétuelle », mais ne croit pas non plus à son utilité. Il repousse le pacifisme, qui, derrière de suaves intentions, cache en réalité une fuite devant l'épreuve, et une lâcheté devant le sacrifice.

La guerre, seule, permet d'actualiser pleinement toutes les potentialités de la nature humaine, c'est-à-dire toutes ses énergies ; et, par-là, elle imprime une marque de noblesse aux Nations qui ont le courage de l'affronter. L'individu aussi bien que la Nation ne prouvent leur noblesse, leur valeur, que dans et par la guerre. Toutes les autres épreuves ne sont que secondaires, car elles ne placent jamais l'homme en face de lui-même, en face de la possibilité de la mort et, par-là, en face de la Vie.

Seule la guerre maintient la force et l'honneur des hommes ; seule elle assure l'aguerrissement, la volonté, la détermination des citoyens ; seule elle « préserve la santé morale des peuples » (Hegel, *Principes de la philosophie du droit*).

Par conséquent, le postulat de la paix n'est pas plus conforme à l'Esprit de Droite que ne le sont toutes les constructions internationales ayant pour fin la paix ; constructions qui — l'Histoire l'a démontré — sont emportées par le vent dès que les peuples se réveillent.

★

Aussi, pour l'homme de Droite, le soldat qui se sacrifie pour sa Patrie est-il, d'un point de vue strictement naturel, ce qu'il y a de plus noble.

La guerre est une chose affreuse, dira-t-on. Pourtant, il faut bien dire qu'elle a quelque chose de fascinant : des milliers d'hommes, parfois des millions, qui abandonnent tout — leur femme, leurs enfants, leur domaine, leur Patrie même — pour aller se battre sur un front inconnu, dans des conditions bien souvent insupportables, jusqu'à la mort. Et pour quoi ? Précisément pour un Idéal collectif, pour l'Idée de la Cité à laquelle ils appartiennent, et pour tous ceux qui partagent cette même Idée.

Alors, oui, au risque de choquer, l'homme de Droite n'hésite pas à dire que la guerre est naturelle, par-là qu'elle est bonne, et qu'elle a même sa part de beauté.

L'Esprit de Droite est militariste.

Pour lui, le citoyen est par nature un soldat, la Cité est une armée.

20. Les bienfaits de la colonisation

L'Esprit de Droite est un inégalitarisme foncier, à tout point de vue.

S'il considère les individus comme par nature inégaux, il ne considère donc pas non plus les cultures comme objectivement égales.

En effet, une culture — c'est-à-dire un modèle de vie lié à un ensemble de valeurs, de lois et de traditions, et propre à une société politique donnée — est, pour ainsi dire, une individuation à l'échelle collective de la nature humaine, ou, si l'on préfère, une individuation de la nature humaine en tant que nature sociale et politique.

Or, les individuations d'une même nature ne sont jamais égales : certaines sont plus universelles que d'autres, par-là plus proches et plus représentatives de cette même nature, ainsi objectivement supérieures par rapport aux autres.

Aussi certaines cultures sont-elles objectivement supérieures aux autres, c'est-à-dire plus représentatives de ce qu'est la nature humaine, considérée dans toute son universalité.

Mais, l'homme de Droite sait que ce qui est objectivement supérieur est appelé — en tant que supérieur — à dominer ce qui lui est inférieur ; d'abord, parce que c'est là l'application directe de la loi du plus fort, qui est la première des lois naturelles ; ensuite, pour le bien de l'inférieur lui-même, qui, en étant dominé par le supérieur, bénéficie de son magistère, et en est ainsi élevé. La domination du supérieur sur l'inférieur est, pour le supérieur, autant un droit qu'un devoir.

Par conséquent, l'homme de Droite considère la colonisation, ou la domination des cultures supérieures sur les cultures inférieures, comme une chose naturelle et légitime ; et il la considère même comme une nécessité : les cultures les plus développées ont le devoir d'apporter la civilisation — dans tout ce qu'elle a d'universel — aux cultures moins développées.

L'homme de Droite est colonialiste.

Concrètement, c'est un fait, pour l'homme de Droite honnête, que les sociétés africaines et même certaines sociétés asiatiques — principalement celles de l'Asie du Sud-Est — sont non seulement moins développées que les sociétés occidentales, mais même *objectivement* très peu développées. De sorte que ces dernières ont le devoir — si toutefois elles le peuvent encore aujourd'hui, vu l'état de décadence dans lequel elles se trouvent, — d'aider les premières par le moyen de la colonisation, qui est la seule forme d'aide à être vraiment bénéfique ; un soutien purement financier est inutile et même néfaste.

On ne sort pas quelqu'un de la misère en lui donnant de l'argent, mais en lui donnant du travail, et, s'il ne sait pas ou ne veut pas travailler, en lui apprenant et en le contraignant à travailler.

L'homme de Droite fait donc siens — quoi-qu'accidentellement — ces mots de Jules Ferry : « Si nous avons le droit d'aller chez les barbares, c'est parce que nous avons le devoir de les civili-ser. »

Et lorsque les civilisés ne colonisent pas les bar-bares, lorsqu'ils ne prennent pas ce droit, ce sont les barbares qui le prennent et qui finissent, tôt ou tard — souvent plus tôt que tard —, par venir chez eux.

Mais, quand les non-civilisés viennent chez les civilisés, ce n'est pas de la colonisation ; c'est de l'invasion.

Or, c'est précisément ce que nous vivons aujour-d'hui, avec l'immigration de masse d'origine extra-européenne.

21. Le mensonge du paradis sur terre

L'homme de Droite a une conception réaliste de la vie, doublée d'un spiritualisme foncier.

C'est pourquoi il s'oppose à toutes les utopies. Il ne croit ni à la possibilité ni même à la bonté d'un « paradis » sur la terre, comme le voulaient les Philosophes des Lumières.

L'affirmation d'une telle possibilité n'est rien d'autre qu'un mensonge.

L'homme de Droite réprouve, de manière générale, toutes les conceptions téléologiques d'après lesquelles, à un certain moment de l'Histoire, le genre humain parviendrait à un stade d'organisation définitive. Une telle doctrine est en effet contraire à la nature de la Vie, qui est mouvement continuel ; et, de surcroît, opposée à la nature spirituelle de l'homme, qui, en tant que *spirituelle*, n'aspire nullement à un paradis *terrestre*.

Il repousse en particulier l'idée d'un « bonheur » économique qui se réaliserait collectivement à un moment de l'évolution de l'économie, en assurant à tous le maximum de bien-être. Il rejette la conception matérialiste, et, par suite, l'idée selon laquelle le bonheur se réduirait au bien-être, qui réduirait les hommes à de simples animaux.

En fait, l'homme de Droite est foncièrement anti-épicurien et anti-hédoniste. Pour lui, l'homme ne doit pas rechercher un bonheur illusoire dans le plaisir, mais doit au contraire s'appliquer à suivre la loi de la Raison, à toujours faire son devoir moral, parce que là est son honneur, sa véritable dignité : la fidélité à son devoir demande en effet bien du courage, et parfois même un courage poussé jusqu'à l'héroïsme.

La vie, telle que la conçoit l'homme de Droite, doit être vécue de manière grave, austère, ascétique. Il méprise la vie commode et la facilité.

L'Esprit de Droite est, moralement, une profession de stoïcisme, une Idée de force et de sacrifice.

Et une telle Idée rejette tout désir d'un quelconque paradis terrestre.

À la limite, le seul paradis que l'homme de Droite accepte est « un paradis laborieux, discipliné, intransigeant ; un paradis où l'on ne se repose jamais, et qui ait, dans l'embrasure des portes, des anges armés de glaives » (José Antonio Primo de Rivera, *Textes de doctrine politique*).

22. L'homme n'est pas naturellement bon.

L'homme de Droite ne croit pas au mythe rousseauiste du « bon sauvage » — d'après lequel l'homme serait naturellement vertueux, mais corrompu par la société.

Au contraire, il pense — parce qu'il le constate — que l'homme naît naturellement égoïste, impatient, intempérant et injuste, et que c'est à la famille et à la société de le faire sortir de l'état purement animal pour le faire accéder à l'état d'homme, c'est-à-dire à l'état d'animal *rationnel*.

De plus, il admet que l'homme est spontanément un loup pour l'homme ; il n'est qu'à regarder les enfants pour constater leur méchanceté congénitale. L'amitié authentique — c'est-à-dire l'amitié de bienveillance — est tout sauf une chose spontanée ; elle s'apprend.

C'est par le moyen de l'éducation, et seulement par lui, que le petit d'homme parvient à devenir bon. Une éducation qui — en raison de la malice de l'enfant — devra nécessairement être sévère, rigoureuse.

Et puisque l'homme est animal politique, et qu'il est donc fait par nature pour devenir citoyen, il est nécessaire que la société politique contribue à son éducation : on ne donne pas ce que l'on n'a pas. D'où la légitimité, en soi, d'une éducation nationale, c'est-à-dire d'une éducation prise en charge par l'État.

Si l'Éducation nationale est aujourd'hui corrompue, son idée originelle n'est cependant pas mauvaise en son principe.

L'État en tant qu'État a le devoir de contribuer à rendre les citoyens vertueux. C'est par l'État et seulement par l'État que l'homme parvient à renoncer aux désirs qui relèvent de sa subjectivité, pour ne plus désirer que l'Universel, qui est ce vers quoi tend la volonté objective de sa nature.

Et c'est ce qui fait dire à Hegel, dans *La Raison dans l'Histoire*, que « le but de toute éducation est que l'individu cesse d'être quelque chose de purement subjectif et qu'il s'objective dans l'État ».

23. La dignité se conquiert.

Pour l'homme de Droite, la dignité n'est pas un donné inné, mais une conquête.

En effet, s'il est vrai que tous les hommes naissent avec la même dignité virtuelle, en tant qu'ils sont des hommes, ils se doivent ensuite de rendre cette dignité réelle, effective, à travers les actes qu'ils posent.

Tous les hommes naissent avec la même dignité virtuelle, ou potentielle, parce qu'ils partagent la même nature humaine, dont la valeur est éminemment supérieure à celle des autres natures — de sorte que même le plus atteint des handicapés mentaux est plus digne que n'importe quel animal.

Cependant, cette dignité, précisément parce qu'elle est virtuelle, appelle à être réalisée, ou actualisée. Et cela ne peut se faire que par un agir vertueux, c'est-à-dire un agir qui soit en conformité avec la raison, puisque la nature humaine est nature raisonnable.

Si l'homme n'utilise pas la raison et la liberté qu'il a reçues de la nature, ou s'il s'en sert mal, il ne réalise pas ce pour quoi il est fait, et alors il n'est pas digne.

Aussi la véritable dignité, pour l'homme de Droite, est-elle la dignité morale, la dignité que l'individu acquiert par ses propres forces, par sa vertu ; et cette acquisition nécessite un engagement, un combat contre soi-même, une lutte contre sa faiblesse et ses appétits déréglés : elle est une conquête.

L'homme réellement digne, dans l'Esprit de Droite, c'est l'homme d'honneur.

24. La supercherie des droits de l'homme

D'après la théorie des droits de l'homme, tous les hommes auraient des droits subjectifs naturels (ou fondamentaux), en raison de leur dignité humaine et de la prétendue égalité de cette dignité.

Pour l'homme de Droite authentique, cette théorie est tout simplement une supercherie, car elle n'a aucun fondement réel.

Premièrement, si les hommes naissent tous avec la même dignité virtuelle, concrètement, ils n'ont pas la même dignité réelle ; car ce n'est pas par notre essence que nous sommes dignes, mais par ce que nous en faisons, par la manière dont nous gouvernons notre existence, notre vie.

Deuxièmement, il n'existe pas, à proprement parler, de droits « subjectifs ». Le droit, qui n'est autre que le juste (*jus* en latin), est un état objectif des choses, auquel nous devons tendre ; il est, essentiellement, l'état dans lequel chacun a ce qui lui revient. Mais il n'est nullement une puissance subjective, ou individuelle. Ce n'est que de manière accidentelle et secondaire qu'une personne a un droit à quelque chose ; une personne n'a un droit à quelque chose que dans la mesure où il est juste qu'elle reçoive cette chose, et non inversement.

Troisièmement, on ne peut avoir un droit que si quelqu'un a un devoir envers nous ; par exemple, l'employé n'a un droit à la rémunération que dans la mesure où son employeur a le devoir — en justice — de le rémunérer, parce qu'il s'est précisément engagé à le faire ; donc, qui dit droit dit devoir, ce que cette théorie des droits de l'homme ne prend pas en compte.

★

Enfin, pour l'homme de Droite, le citoyen n'a — à l'égard de la Cité — que des devoirs.

D'une part, parce qu'il est à la Cité ce que la partie est au tout, et que c'est la partie qui est ordonnée au tout — et non l'inverse — ; de sorte que c'est lui qui a des devoirs envers la Cité, et non la Cité en tant que Cité qui a des devoirs envers lui (l'État a des devoirs, mais l'État n'est pas la Cité, il n'en est que la cause formelle et efficiente) ;

et, d'autre part, parce que le citoyen doit tout à la Cité à laquelle il appartient : sa vie (par l'intermédiaire de la famille), ses biens, son instruction et son éducation (indirectement, par la famille, ou directement, par l'école), son travail, les biens qu'il acquiert par ce travail, les services que la Cité lui offre, enfin — et surtout — son meilleur bien, qui ne consiste en rien d'autre que le Bien commun, ou l'amitié politique.

★

Aussi l'homme de Droite rejette-t-il avec force cette théorie révolutionnaire — c'est-à-dire qui renverse l'ordre naturel des choses — des droits de l'homme.

Une théorie qui est fondamentalement de gauche.

Le seul droit que l'homme de Droite veuille bien, à la limite, reconnaître à l'individu, c'est celui de faire son devoir.

25. L'homme de Droite : un homme de devoir

L'homme de Droite a un sens aigu du devoir.

Ce devoir, auquel il attache tant d'importance, consiste principalement en deux choses : le devoir moral, et le devoir d'état.

Le devoir moral, c'est celui de suivre la loi morale, ou loi naturelle, c'est-à-dire la loi qui correspond à sa nature raisonnable. Une loi qu'il peut découvrir dans sa raison, car elle y est naturellement inscrite.

Qu'est-ce que lui commande cette Loi ? Elle lui commande d'être fort, c'est-à-dire de supporter la pénibilité de la vie et du travail, et de se battre avec persévérance ; elle lui commande d'être tempérant, c'est-à-dire de lutter contre ses appétits inférieurs désordonnés, et de s'abstenir de tout désir inutile ; elle lui commande d'être prudent, c'est-à-dire de réfléchir et de prendre conseil avant d'agir, mais aussi et surtout d'agir, car on n'est prudent que dans l'acte ; enfin, et par-dessus tout, elle lui commande d'être juste, c'est-à-dire de rendre à chacun ce qui lui revient, en commençant par ses Pères et sa Patrie, auxquels il doit être fidèle parce qu'il leur doit rigoureusement tout.

Quant au devoir d'état, il est l'ensemble des obligations dues à la situation dans laquelle se trouve un homme, c'est-à-dire la place qu'il occupe dans la Cité.

Faire son devoir d'état, c'est concrètement être fidèle à l'ensemble de ses obligations. Et une telle fidélité est exigée directement par la vertu de justice, puisque la première des justices est de rendre à la Cité ce qui lui est dû, et que c'est en faisant ce qu'elle nous demande de faire, à notre place, qu'on le lui rend. En effet, lorsqu'on doit tout à quelqu'un, la seule manière de le lui rendre — dans la mesure du possible — consiste à lui obéir, avec respect et honneur.

Or, c'est précisément à ce devoir d'état que l'homme de Droite veut se soumettre, quelles que soient les circonstances et quelles que soient les difficultés.

L'homme de Droite est, radicalement, un homme de devoir.

26. L'homme de Droite : un homme d'ordre

L'homme de Droite est un amoureux de l'ordre.

L'ordre, de manière générale, c'est la situation dans laquelle chaque chose est à sa place, c'est-à-dire à la place qui lui revient en justice, à celle qui convient à sa nature et à sa finalité.

Le contraire de l'ordre, en politique, c'est l'anarchie. L'homme de Droite a une sainte horreur de l'anarchie.

L'ordre est double : il est d'abord l'ordre naturel ; il est ensuite l'ordre civil, ou ordre public.

L'ordre naturel, c'est l'ordre voulu par la Nature : c'est le fait qu'il y ait des hommes et des femmes, des gens faits pour commander et d'autres faits pour obéir, des animaux rationnels et d'autres irrationnels, etc.

Aussi l'homme de Droite veut-il que l'homme reste homme et qu'il soit à sa place d'homme, que la femme reste femme et qu'elle soit à sa place de femme ; que ceux qui sont objectivement faits pour commander (cela se voit vite) commandent, et que les autres obéissent ; enfin, que les animaux rationnels ne cherchent pas à faire des animaux irrationnels leurs égaux — l'antispécisme et le véganisme sont certainement, après la théorie du genre, les théories les plus absurdes du siècle présent.

L'ordre dont l'homme de Droite se fait aussi le défenseur, c'est l'ordre civil.

L'ordre civil, c'est l'absence de trouble à l'échelle sociale, c'est l'état d'une société dans laquelle règnent la sécurité et la tranquillité. Il suppose d'une part l'absence d'agitation inutile, d'émeute, de délinquance, de criminalité, d'esprit ou d'acte séditieux dans la Cité ; et d'autre part l'absence d'agression étrangère.

Or, ces deux aspects sont pris en charge par les deux institutions les plus fondamentales de la société : la police et l'armée. L'une et l'autre exercent, par définition, une certaine violence : une violence qui — précisément — est justifiée par la nécessité de maintenir l'ordre civil, condition *sine qua non* de réalisation du Bien commun, de l'amitié politique.

Aussi l'homme de Droite considère-t-il la « violence policière » ainsi que la violence de la guerre comme des choses normales et nécessaires, dans la mesure où elles sont conformes au maintien et à la préservation de l'ordre de la Cité. Et il tient en respect les hommes qui mettent leur vie au service de cet ordre.

L'homme de Droite considère que, lorsqu'un gouvernement ne parvient pas à faire respecter l'ordre, l'armée a le droit et même le devoir de s'emparer du pouvoir par la force, afin de rétablir ce même ordre.

« Quand la préservation même de la Nation est menacée — à tel point qu'elle en perde son unité —, l'armée n'a pas d'autre solution que de délibérer et choisir : c'est toujours un peloton de soldat qui, à la dernière heure, a finalement sauvé la Civilisation » (José Antonio Primo de Rivera, *Textes de doctrine politique*).

L'homme de Droite est, radicalement, un homme d'ordre.

27. L'homme de Droite : un homme d'honneur

L'homme de Droite a naturellement le sens de l'honneur.

L'honneur n'est pas, premièrement, le souci de sa réputation : « Celui-là ne mérite pas le nom d'homme d'honneur qui craindrait plus d'être flétri aux yeux d'autrui qu'aux siens propres » (Hyacinthe de Charencey, *Pensées et maximes diverses*).

L'honneur, c'est la dignité morale, la rectitude intérieure. Il consiste principalement dans la fidélité : fidélité à la parole donnée, à ses promesses, à ses engagements ; fidélité à son conjoint, à ses amis, à la Cité.

Pour l'homme de Droite, la parole d'honneur est quelque chose de sacré. Il tient ses promesses en toutes circonstances. Il respecte les engagements qu'il a pris, quelles que soient les difficultés, à commencer par son engagement professionnel. Et, s'il est fidèle à tout cela, c'est parce qu'il comprend que là est sa véritable dignité, que là est son honneur.

Mais si l'homme de Droite tient ses engagements, ce n'est pas pour lui : c'est pour ceux auprès desquels il a pris ses engagements.

L'homme de Droite voit dans le mariage un engagement mutuel : un engagement à vivre ensemble jusqu'à la mort, au milieu des joies et des peines, dans le bonheur ou la souffrance. Aussi tient-il cette institution en haut respect ; d'autant que l'engagement est pris devant un représentant de l'État, par-là devant la communauté politique tout entière. Et il se fait un devoir, lorsqu'il est effectivement marié, d'être fidèle à son conjoint jusqu'à sa mort.

L'homme de Droite voit aussi dans l'amitié un engagement mutuel, quoique la chose se fasse de manière moins formelle que pour le mariage. Il se fait donc aussi un devoir d'être fidèle à ses amis, de toujours être là pour eux, y compris — et surtout — dans les difficultés : c'est dans la difficulté, dans l'épreuve, que se révèlent les amitiés authentiques.

Enfin, l'homme de Droite estime que tout citoyen, en tant que citoyen, doit s'engager à servir fidèlement la Cité dont il fait partie, c'est-à-dire à prendre activement part à la vie de cette même Cité et à la poursuite du Bien commun, que cela se fasse de manière directe (en devenant « homme politique ») ou indirecte.

Et il considère volontiers l'engagement militaire comme la plus belle forme d'engagement civique qui soit. C'est pourquoi il est nécessairement favorable au service militaire.

Pour l'homme de Droite, servir fidèlement sa Patrie et, par-là, ses compatriotes — en lesquels il voit des amis, au sens le plus noble du terme, — est le plus grand honneur qu'un homme puisse espérer.

L'homme de Droite est, radicalement, un homme d'honneur.

28. Le véritable amour comme sacrifice

Pour l'homme de Droite, l'amour authentique, c'est-à-dire l'amour de bienveillance (par opposition à l'amour de concupiscence et à l'amour d'intérêt), impose le sacrifice, c'est-à-dire le renoncement à soi.

En effet, vouloir le bien de l'autre, c'est renoncer — sinon de fait, du moins en principe, — à rechercher son propre bien, dans la mesure où notre bien, en tant qu'il n'est pas celui de l'autre, est nécessairement en puissance à être contraire à celui de l'autre.

L'amour consiste dans le sacrifice, non seulement parce qu'on ne prouve à celui qu'on aime à quel point on l'aime qu'en se sacrifiant pour lui ; mais aussi, et surtout, parce que l'amour suppose *existentiellement* le sacrifice.

Ainsi, il est naturel à celui qui aime sa Patrie de se sacrifier pour elle, lorsque la vie de cette dernière l'exige. Et tel est le Héros.

L'amour ne peut se concevoir, se réaliser, se vivre qu'à la hauteur de notre renoncement.

Aimer vraiment, c'est dépenser sans compter. L'amour n'est pas un calcul, l'attente d'un retour, d'une rétribution. On n'aime pas pour être payé de ses efforts. On aime parce qu'on aime ; le véritable amour est gratuit. L'amour de bienveillance est une finalité en lui-même.

Mais l'amour est *substantiellement* sacrifice.

Aussi, pour l'homme de Droite, le sacrifice est-il de soi un bien, une fin, en tant qu'il est la substance même de l'amour. Sur cette terre, le véritable bonheur — si toutefois on peut parler de bonheur — consiste dans le sacrifice.

Le Sacrifice est en lui-même une valeur ; et il est même la Valeur par excellence.

Conclusion

Le service de la Cité et du Bien commun, ou la finalité de la vie morale

Parce que la vie morale consiste à faire son devoir, et que ce devoir n'est autre que notre devoir d'état, c'est-à-dire celui qui correspond à notre situation, à notre place dans la Cité ;

parce que là où est notre nature, là est notre finalité, et que notre nature est essentiellement sociale et politique ;

parce qu'une vie accomplie est une vie dans laquelle toutes les puissances de notre nature — raison, volonté, cœur — sont déployées, et que seul le service de la Cité permet un tel déploiement ;

parce que nous sommes faits pour ce qu'il y a de plus parfait, et que la Cité est la plus parfaite des réalités immanentes ;

parce que la partie est faite pour le tout, et que nous faisons tous naturellement partie d'une Cité ;

parce qu'un homme n'est un homme que s'il fait preuve de force morale, que la force se révèle dans le combat, et que le combat qui nécessite le plus de force, c'est-à-dire le plus de foi et de lutte, de patience et de persévérance, est le combat politique ;

parce que le plus grand bien des hommes en tant qu'ils sont en relation est l'amitié, que l'amitié la plus parfaite est l'amitié politique, et que le Bien commun de la Cité consiste précisément dans l'amitié politique ;

parce que servir est un honneur, que l'honneur est le plus grand bien qu'un homme puisse avoir d'un point de vue naturel, et que le service le plus noble qui soit est le service du Bien commun ;

parce qu'enfin, le seul bonheur que l'homme puisse espérer sur cette terre consiste dans l'amour authentique, qui n'est autre que le sacrifice de soi, et que la Cité est ce que nous avons de plus cher, de sorte que, pour elle, il faille être prêt à tous les sacrifices, jusqu'au sacrifice même de sa vie,

l'homme de Droite proclame haut et fort, et à contre-courant de l'individualisme moderne, que la finalité de toute la vie morale consiste, en cette terre, dans le service de la Cité et du Bien commun.

D'un point de vue strictement naturel, « **tout ce que l'homme est, il le doit à l'État** (ici : au sens de Cité) **: c'est là que réside son être ; toute sa valeur, toute sa réalité spirituelle, il ne les a que par l'État** » (Hegel, *La Raison dans l'Histoire*).

Partie II

DÉFINITION PHILOSOPHIQUE DE LA DROITE PAR RAPPORT À LA GAUCHE PUIS EN ELLE-MÊME

Introduction

La métaphysique réaliste,
ou la philosophie de la Droite

Toute politique est une métaphysique en acte.

Or, la politique de Droite, que nous avons résumée dans l'expression « réalisme politique » — parce qu'elle est la politique qui fait du Réel son seul absolu —, est précisément fondée sur la philosophie **réaliste**.

La métaphysique réaliste, c'est celle qui considère que la raison est faite pour connaître le réel, et qu'elle peut donc le connaître ; c'est la métaphysique qui reconnaît qu'il existe des **premiers principes indubitables de la raison**, et que ces principes sont ceux de la raison parce qu'ils sont, radicalement, ceux du réel lui-même.

Ce sont donc les principes premiers de la philosophie réaliste que nous allons ici exposer et justifier. Des principes qui auront une incidence directe en politique. Une politique qui admettra ces principes sera une politique de Droite ; une politique qui les refusera sera une politique de gauche.

Et en exposant ces principes, nous présenterons aussi les doctrines qui s'y opposent — et qui sont précisément les fondements de l'esprit de gauche —, non sans chercher au passage à les réfuter.

1. Principe d'identité et subjectivisme

Le premier principe de la métaphysique réaliste — qui, en tant que réaliste, est aussi le premier principe de l'Esprit de Droite — est le **principe d'identité**, ou principe de non-contradiction.

Ce principe peut être résumé de la sorte : « Il est impossible qu'un même attribut appartienne et n'appartienne pas en même temps et sous le même rapport à une même substance » (Aristote, *Métaphysique*, IV, III).

En effet, il est impossible, par exemple, que la beauté appartienne et n'appartienne pas en même temps et sous le même rapport au même homme ; peut-être cet homme est-il beau aujourd'hui mais ne le sera-t-il plus demain ; peut-être est-il beau à un endroit de son corps mais ne l'est-il pas à un autre ; quoi qu'il en soit, il est impossible qu'il soit beau et non beau en même temps et sous le même rapport. Et si ce principe est valable pour les êtres sensibles, il l'est aussi pour les êtres intelligibles, car un principe concerne l'ensemble du réel. Il est tout aussi impossible, par exemple, que l'immortalité appartienne et n'appartienne pas en même temps et sous le même rapport à l'âme ; soit l'âme est immortelle, soit elle ne l'est pas ; il n'y a pas d'autre solution. Par conséquent, la vérité ne peut être subjective, sans quoi un sujet qui affirmerait l'immortalité de l'âme aurait logiquement tout aussi raison qu'un autre qui la nierait, ce qui est absurde. Ce n'est donc pas la raison individuelle qui est norme de vérité, mais l'objet adéquat de l'intelligence, c'est-à-dire le réel, l'être. La vérité n'est pas conformité de la raison avec elle-même, mais, pour reprendre l'expression de saint Thomas d'Aquin, « *adaequatio rei et intellectus* ».

Aussi, dans l'Esprit de Droite, la vérité s'impose-t-elle — en droit — aux subjectivités. Si une chose est vraie, quand bien même la quasi-totalité des gens affirmerait le contraire, cette chose demeurera vraie ; si une chose est objectivement mauvaise, quand bien même l'immense majorité des gens affirmerait qu'elle est bonne, elle demeurera mauvaise. **Donc, en contexte politique, ce n'est pas la majorité du peuple qui fait la vérité ; mais c'est le réel.**

★

Or, le **subjectivisme** de gauche est la négation même du principe d'identité. Un subjectivisme qui trouve ses fondements dans la pensée de Kant.

Voici (très brièvement) résumée l'épistémologie kantienne :

Pour Kant, le passage du « phénomène » au « noumène » (c'est-à-dire du sensible à l'intelligible) est rigoureusement impossible, le noumène étant au-delà de l'expérience. Pourtant, nous sommes capables de penser des concepts qui s'identifient à ces noumènes. C'est donc que notre entendement possède des « formes *a priori* », des catégories subjectives, qui nous permettent de nous représenter ces noumènes, de nous en faire une idée.

Par-là, ce que la raison devrait chercher à connaître, ce ne sont pas les catégories de l'être, mais ses propres catégories ; son objet ne serait pas le réel mais la représentation, ou idée, qu'elle s'en fait (sans aucun rapport à lui). Ainsi, le principe de la vérité ne serait pas le réel, mais la raison subjective.

La raison n'aurait plus pour fin de découvrir le sens des choses, mais de leur en donner un. Elle devrait se faire « créatrice de sens ». C'est la fameuse « révolution copernicienne » opérée par Kant en philosophie.

Et, dans une telle perspective, **n'aurait de valeur morale que ce qui émane des subjectivités, et de légitimité politique que ce qui provient de la volonté générale** (ou volonté de la majorité) : **la démocratie deviendrait alors la seule forme de gouvernement proprement juste, acceptable**.

Mais, le problème de Kant, c'est qu'il a méconnu le fonctionnement de la raison ; et plus précisément qu'il a ignoré le processus fondamental de la connaissance humaine, qui est le processus de l'*abstraction* — c'est-à-dire le passage de la connaissance sensible à la connaissance intellectuelle, de la perception du singulier à la conception de l'universel.

En effet, c'est en voyant plusieurs tables que nous parvenons à en tirer ce qu'elles ont de commun ; de même, c'est en percevant des arbres que nous arrivons à en extraire la nature, l'essence. La

première opération de l'esprit — à savoir l'appré-
hension des quiddités, ou de l'essence des
choses, — se réalise grâce à l'abstraction.

Et il en résulte que l'objet de l'intelligence est
bien l'essence du réel, c'est-à-dire le réel lui-même,
puisqu'elle est en capacité de le connaître. Donc
seul le réel est norme de vérité : la vérité est objective. Et donc il est faux d'affirmer que le principe de
la loi morale soit le sujet, ou que le fondement de la
légitimité politique soit la volonté générale — ou
volonté de la majorité.

Le premier pilier philosophique de l'esprit de
gauche, à savoir le subjectivisme — kantien —, est
donc philosophiquement irrecevable.

2. Principe de causalité et progressisme

Le second principe réaliste est le **principe de causalité** :

Il n'y a aucune chose pour laquelle on ne puisse se demander quelle est la cause de son existence. En effet, il est manifeste, à la seule observation de la nature, que toute chose, que tout être naturel, a une cause. Par-là, aucune chose, ni aucune perfection, ne peut avoir le néant pour cause de son existence ; car le néant, qui par définition n'est rien, ne peut être cause de quelque chose. Ainsi, le plus ne peut avoir le moins pour cause ; sans quoi cela voudrait dire que ce que le plus a en plus du moins, il le tiendrait du néant, ce qui — comme nous l'avons vu — est impossible ; et puisque le moins ne peut causer le plus, une cause ne peut ni donner une qualité qu'elle n'a pas, ni donner en grande quantité ce qu'elle n'a qu'en petite quantité.

Par conséquent, l'homme de Droite comprend que **de mauvais citoyens ne peuvent élire de bons gouvernants**, que **de mauvais gouvernants ne peuvent promulguer de bonnes lois**, etc. De sorte que **l'évolution d'une société n'est pas nécessairement un bien, un progrès.**

Or, l'**évolutionnisme philosophique**, qui fait de l'évolution un absolu, et qui est l'un des principaux fondements de la pensée de gauche en général et du progressisme sociétal en particulier, est la négation même du principe de causalité.

Les penseurs évolutionnistes du XIXe siècle (principalement Comte pour la pensée libérale, et Marx pour la pensée socialiste) ont été fortement influencés par la « théorie de l'évolution » de Darwin. Leur idée fondamentale, si l'on devait la formuler en termes métaphysiques, est que *la puissance aurait en elle-même la puissance de s'actualiser.*

Par-là, l'être sortirait du néant, et le plus sortirait du moins : des citoyens médiocres pourraient voter de bonnes lois. De surcroît, tout le réel, tout l'être, ne serait que matière ; or la matière ne peut être déterminée que par la forme ; cette matière évoluerait donc perpétuellement (puisqu'indéterminée et par-là infinie). Et ainsi, **le Progrès économique et social n'aurait pas de limite, et serait à lui-même sa propre fin ; les évolutions sociétales seraient nécessairement bonnes** ; etc.

Mais le principe de l'évolutionnisme est erroné.

En effet, il est impossible que la puissance s'actualise elle-même, car le passage de la puissance à l'acte, ou mouvement, n'est réalisable que s'il y a moteur — ce qui, au reste, relève du bon sens. De sorte que **la bonté d'une évolution est conditionnée par la bonté du sujet qui en est la cause**.

Et une évolution n'est véritablement un progrès que si elle est bonne. Donc une évolution n'est pas nécessairement un progrès ; l'évolution n'est pas un absolu. Nous voyons encore une fois que l'esprit de gauche est fondé sur des erreurs métaphysiques.

Le progressisme de gauche — qui n'est à proprement parler qu'un « évolutionnisme » (c'est-à-dire une doctrine qui fait de l'évolution un absolu) — est inacceptable non seulement d'un point de vue moral et politique, mais même d'un point de vue philosophique.

3. Principe de non-réductibilité et matérialisme

Le troisième principe réaliste que nous voudrions exposer est le **principe de non-réductibilité**, d'après lequel un tout n'est pas ontologiquement réductible à la somme de ses parties.

Il peut être montré de la manière suivante :

Tout être naturel est une union de matière et de forme. En effet, ce qui est en puissance ne pouvant s'actualiser par ses propres moyens, la matière première (qui n'est que puissance, indétermination) a besoin d'un acte premier que l'on nomme forme substantielle pour être actuée, amenée à l'existence. Toute substance naturelle est donc un composé de matière et de forme, la matière étant son principe premier, absolument indéterminé et demeurant immanent, et la forme, l'acte par lequel elle possède une existence déterminée ; c'est pourquoi l'on parle de « composé hylémorphique » (*hylê* : la matière, et *morphê* : la forme). Ainsi, aucun être naturel n'est réductible à sa seule matière.

Or, les parties d'un tout sont au tout ce que la matière est à la substance. Partant, il est clair qu'un tout n'est pas ontologiquement réductible à la somme de ses parties. D'ailleurs, si c'était le cas, une maison équivaudrait à un tas de briques, ou l'homme à un tas de membres, ce qui est absurde ; pour qu'un tout existe, il est nécessaire qu'il y ait un *ordre* dans ses parties.

Or, la société politique est elle aussi un tout (bien que non substantiel — on parle de *tout d'ordre*), les citoyens étant ses membres ; de même pour le Bien commun, dont les biens particuliers sont les parties. Ainsi, pour l'homme de Droite, **une communauté politique n'est pas ontologiquement réductible à la somme des citoyens, ni le Bien commun à la somme des biens particuliers**.

★

Or, le **matérialisme réductionniste** sur lequel s'appuie la pensée de gauche est la négation même du principe de non-réductibilité.

Le matérialisme, c'est, d'une manière générale, la doctrine qui nie l'existence de tout principe autre que la matière dans le monde physique, par-là qui nie la présence de formes substantielles. Le réductionnisme — qui découle logiquement du matérialisme —, c'est la théorie selon laquelle tout être se réduirait, ou serait en principe réductible, à un ensemble d'entités de base. Pour ses partisans, La Mettrie en tête, un tout serait donc réductible à la somme de ses parties, un corps à la somme de ses membres, etc.

Et, dans ces conditions, **la Cité serait réductible à la somme des citoyens, le Bien commun à la somme des intérêts particuliers, et toute souveraineté divisible en autant de parts qu'il y a de citoyens**.

★

Mais, en réalité, si un être est mathématiquement (soit du point de vue de la quantité) réductible à un ensemble d'entités, cela n'est pas vrai ontologiquement (soit du point de vue de l'être) ; car réduire un être aux entités qui le composent, c'est le réduire à sa matière, et c'est donc omettre sa forme.

Pour qu'il y ait un tout, il est nécessaire qu'il y ait des parties, mais aussi un ordre dans ces parties. La société politique n'est donc pas réductible, dans une perspective réaliste et de Droite, à la somme des citoyens ; ni le bien commun aux biens particuliers ; ni la souveraineté en parts égales.

Là encore, nous constatons que le l'esprit de gauche est fondé sur des « principes » erronés.

4. Principe de totalité et individualisme

Le **principe de totalité** est certainement le plus important des principes du réel et de la raison d'un point de vue politique :

« Toutes les parties sont ordonnées à la perfection du tout : le tout n'est pas pour les parties, mais les parties pour le tout » (saint Thomas d'Aquin, *Somme contre les Gentils*, III, 112). En effet, la main est faite pour le corps et non l'inverse ; c'est ainsi qu'elle le protège naturellement s'il est attaqué. De même, l'abeille est au service de la ruche, à tel point qu'elle est prête à mourir pour cette dernière. Si la partie se sacrifie naturellement pour le tout, c'est la preuve qu'elle est faite pour lui. Or l'individu est à la société politique ce que la partie est au tout, puisqu'il en est naturellement membre. Donc, pour le réaliste, tous les citoyens sont ordonnés à la Cité ; **la Cité n'est pas pour les citoyens, mais les citoyens pour la Cité**.

En outre, « le bien de la partie est pour le bien du tout » (saint Thomas d'Aquin, *Somme théologique*, I-II, 109, 3), puisque la partie est pour le tout. Partant, il est clair, pour l'homme de Droite authentique, que tous les biens particuliers sont ordonnés au Bien commun.

★

Or, l'**individualisme théorique**, qui fait partie de l'essence de la gauche, s'oppose foncièrement au principe de totalité.

Cet individualisme se fonde sur la théorie du « **Contrat social** », qui consiste à nier que l'homme soit naturellement membre d'une communauté, et, par-là, qu'il soit à la Cité ce que la partie est au tout.

Pour Hobbes comme pour Rousseau, l'homme n'est pas naturellement social et politique. Les hommes auraient donc vécu seuls, dans un hypothétique « état de nature » ; mais ils se seraient finalement liés par un pacte, afin d'améliorer leurs conditions de vie ; ce pacte, c'est le « Contrat social ». C'est lui qui serait le fondement de toute communauté politique. D'après Hobbes, il aurait pour fin essentielle de protéger la sécurité de chaque individu (la forme de gouvernement idéale étant alors une monarchie absolue, ou « tyrannie bienveillante ») ; d'après Rousseau, non pas la sécurité, mais la liberté (d'où sa préférence, en théorie du moins, pour la démocratie). Mais la conséquence est la même dans les deux cas : **si les hommes se sont volontairement unis en communauté, pour l'intérêt de chacun, alors ce n'est plus l'individu qui est au service de la société, mais la société qui est au service de l'individu** ; et c'est là précisément la définition de l'individualisme.

★

Mais, le problème de ces philosophes, c'est qu'ils ont méconnu la nature humaine.

En effet, l'homme, qui est animal raisonnable, recherche non seulement à *vivre* mais aussi et surtout à *bien vivre* : l'homme en tant qu'homme ne peut s'accomplir que dans le cadre d'une société qui, dans un premier temps, contribue à son instruction et à son éducation, et, dans un second temps, lui donne l'occasion de transmettre son savoir aux autres, et de pratiquer la vertu, en particulier la vertu de justice, qui nécessite là encore la présence d'autrui. Et cette société, ce ne peut être que la société politique.

L'homme est, par nature, social et politique. C'est donc bien lui, dans l'Esprit de Droite, qui est ordonné à la société politique, et non l'inverse, puisqu'il en fait naturellement partie.

5. Principe de finalité, notion de Bien commun, et relativisme

Le **principe de finalité** est, pour le réaliste et l'homme de Droite, une évidence : puisque tout être a une nature (on ne peut *être* sans être *quelque chose* : l'existence sans essence est une pure abstraction), et que toute nature est faite pour quelque chose (être *ordonné*, c'est nécessairement être ordonné *à quelque chose*), tout être a une finalité qui s'impose à lui.

Aussi la société politique a-t-elle une fin en elle-même.

La substance de la société politique est d'être un *tout d'ordre*. Or, la fin d'un tout d'ordre, c'est son unité, c'est-à-dire l'unité de ses parties. De sorte que **la fin de toute communauté politique, qu'on appelle aussi *Bien commun*, c'est l'unité de la Cité**. « C'est à cela que doit par-dessus tout s'appliquer celui qui dirige la collectivité humaine : procurer l'unité » (saint Thomas d'Aquin, *De Regno*). Une unité qui n'est bien évidemment pas physique mais *morale*, et que l'on nomme encore *amitié politique* (puisque les membres de la Cité sont des *personnes*, et que l'unité de personnes se nomme précisément amitié). On est bien loin de cet « intérêt général » purement matériel, divisible, et relatif aux volontés subjectives.

L'amitié politique peut être définie ainsi : c'est l'émulation mutuelle et bienveillante dans la pratique de la vertu à l'échelle de la société politique, c'est-à-dire entre l'ensemble des citoyens.

Or, le **relativisme**, fondement de la pensée de gauche, est précisément le rejet de toute finalité qui s'impose aux choses.

Pour les hommes de gauche, la société n'aurait d'autre fin que celle que lui donne la « volonté générale », c'est-à-dire — concrètement — la volonté de la majorité d'un peuple.

Et c'est la raison pour laquelle ils prétendent que la société devrait seulement poursuivre *l'intérêt général* — **intérêt *relatif* aux volontés subjectives, purement matériel et se réduisant à une somme d'intérêts particuliers** — et non un quelconque *Bien commun*.

★

Mais, outre le fait que la volonté générale revêt naturellement un aspect totalitaire (« quiconque refusera d'obéir à la volonté générale y sera contraint par le peuple » disait Rousseau), la doctrine qui fait de cette volonté générale le principe de la légitimité politique n'est fondée sur rien de rationnel : en quoi l'objet du vouloir de la majorité serait-il nécessairement bon ?

La société politique, dans l'Esprit de Droite, est en réalité ordonnée à un bien dont la nature s'impose à tous ses membres — quelles que soient l'époque et la région du monde —, à savoir le Bien commun.

L'Esprit de Droite est radicalement finaliste et anti-relativiste.

6. Liberté morale et libéralisme

L'idée que nous nous faisons de la liberté — qui est une notion tout à fait fondamentale en politique — dépend directement de notre acceptation — ou non — du principe de finalité.

Aucun être n'est libre de choisir sa finalité objective, avons-nous dit, dans la mesure où celle-ci lui est imposée par sa nature ou forme. Cependant, les êtres conscients de leur fin ont, par nature, la puissance de choisir les moyens qui les conduiront à cette fin. La liberté, pour les êtres conscients, est donc la faculté de choisir les moyens en vue de leur finalité.

Or un être n'atteint sa finalité objective que par son opération propre, ou finalité formelle, c'est-à-dire par l'opération qui relève de sa forme. Partant, les hommes, dont le constitutif formel est la raison, ne peuvent atteindre leur fin objective que par des actes raisonnables. Est donc « libre » l'homme qui agit raisonnablement, c'est-à-dire selon la loi morale : « On est plus libre à proportion qu'on est meilleur » (Charles Maurras, *Au signe de Flore*).

Par conséquent, dans l'Esprit de Droite, **la liberté que l'État doit se faire un devoir de protéger, c'est la liberté morale, ou l'exercice de la liberté selon la raison, bref, c'est la vertu**, et non la liberté débridée.

★

Mais, l'esprit de gauche s'oppose à cette juste conception de la liberté.

Les hommes de gauche sont fondamentalement relativistes : ils nient le principe de finalité. Ils estiment donc que l'homme n'a aucune fin objective, mais que c'est à chaque homme de choisir sa propre fin. Dans ces conditions, la liberté devient théoriquement le pouvoir de faire tout ce que l'on veut.

Le problème est que, dans les faits, et plus particulièrement dans le cadre de la société politique, une telle liberté n'est pas envisageable (sans quoi, celui qui se serait fixé pour fin d'égorger le plus de monde possible serait libre de se livrer à cette activité sympathique…). La liberté consiste donc, pour les hommes de gauche, « à faire tout ce qui ne nuit pas à autrui » (article 4 de la DDHC) ; et ainsi : « La liberté des uns s'arrête là où commence celle des autres » (John Stuart Mill). Il est alors permis d'agir à sa guise, du moment que les autres n'y voient pas trop d'inconvénients.

Or, cette conception erronée de la liberté est l'essence du libéralisme, qui fait de la liberté un absolu.

L'esprit de gauche est donc, par nature, libéral ; les hommes de gauche qui condamnent le libéralisme — à savoir les socialistes — scient, inconsciemment, la branche sur laquelle ils sont assis.

7. Égalité politique et égalitarisme

Après la notion de liberté, celle d'égalité est certainement l'une des plus importantes qui soient en politique, mais aussi — il faut bien le dire — l'une des plus équivoques.

L'égalité est de deux sortes : elle est soit stricte, soit proportionnelle ; la première est dite « arithmétique », la seconde « géométrique ».

Or, l'égalité arithmétique est le fruit de la justice commutative (qui concerne les rapports des individus entre eux, dans le domaine privé) ; et l'égalité géométrique, celui de la justice distributive, qui est le fait, pour une autorité, de rendre à chacun des subordonnés ce qui lui est dû.

De sorte que dans l'Esprit de Droite, **la seule égalité proprement politique, celle que l'État doit se faire un devoir de garantir, c'est l'égalité proportionnelle ou géométrique — l'équité —**, et non l'égalité arithmétique.

Mais, l'esprit de gauche s'oppose à cette juste conception de l'égalité.

Parce qu'ils admettent une liberté sans limite, et qu'une liberté sans limite est source objective d'injustices, les hommes de gauche qui vont jusqu'au bout de leurs idées — les socialistes — sont obligés de mettre une limite artificielle à cette liberté ; et cette limite, c'est l'égalité stricte : égalité des citoyens devant la loi ; égalité des citoyens entre eux (la fameuse « égalité des chances »). Une égalité que les hommes de gauche ne conçoivent donc pas comme géométrique, mais comme strictement arithmétique. On voit ici les raisons de toutes les absurdités que l'on connaît aujourd'hui — à commencer par la « théorie du genre ».

Et cette conception erronée de l'égalité se nomme égalitarisme.

Un égalitarisme auquel l'homme de Droite ne peut que s'opposer, tant il est destructeur.

8. Principe monarchique et souveraineté populaire

Enfin, intéressons-nous au problème de la souveraineté politique.

Pour le réaliste et l'homme de Droite, qui est souverain dans la Cité ? Le chef d'État ? ou le peuple ? ou les deux en même temps ?

Pour le savoir, il faut se rappeler quelles sont les causes efficientes de la société politique ; car, là où est la cause efficiente, là sont la puissance et la souveraineté.

La cause efficiente *entitative* (qui relève de l'acte premier) de la société politique est la nature sociale et politique des citoyens : en effet, c'est parce que l'homme est par nature un animal politique que la société politique — prise abstraitement — existe. Mais la cause efficiente *opérative* (qui relève de l'acte second) de la Cité est l'autorité politique : car, là où il y a multitude concrète, il est nécessaire qu'il y ait un principe directeur ou une autorité pour permettre à cette *multitude* d'agir de manière *unifiée* ; et cette autorité est substantiellement une, puisque sa fin naturelle est d'unifier, et qu'une cause efficiente ne peut donner que ce qu'elle a.

De là vient que tous les citoyens, parce qu'ayant une nature sociale et politique, détiennent *potentiellement* le pouvoir politique — c'est d'ailleurs pour cette raison que ce pouvoir appartient à quiconque le prend, pourvu qu'il recherche le Bien commun — ; mais un seul d'entre eux le détient *actuellement* : le chef d'État — qui est l'incarnation de l'autorité politique.

Ainsi, pour l'homme de Droite, **seul le chef d'État est souverain de fait**. C'est ce que l'on appelle le **principe *monarchique***, ou principe *mono-archique* (il est à noter qu'admettre un tel principe ne veut pas nécessairement dire adhérer au monarchisme, tel qu'on l'entend généralement ; mais simplement reconnaître que l'autorité d'une communauté est de soi une, qu'il ne peut y avoir qu'un seul Chef).

Certes, il est préférable (dans la mesure du possible) que le Chef fasse participer l'élite (s'il y en a une), voire l'ensemble des citoyens, à la poursuite active du Bien commun, puisque tous les hommes ont une nature sociale et politique et donc une aspiration légitime à prendre part — d'une manière ou d'une autre — à la chose de la Cité ; il n'empêche que le chef d'État est le seul détenteur de la souveraineté politique ; le peuple en tant que *peuple* — c'est-à-dire en tant que masse informe — n'est aucunement souverain.

L'esprit de gauche, par sa doctrine de la « **souveraineté populaire** », s'oppose foncièrement au principe mono-archique.

La doctrine de la souveraineté populaire identifie comme souverain (c'est-à-dire comme dépositaire de l'autorité politique) le peuple, au sens de l'ensemble de la population, la somme de tous les individus (par opposition à la nation, corps abstrait). Pour Rousseau, chaque citoyen, parce qu'étant la cause première de la société politique, détiendrait une part de souveraineté (*Du contrat social*, I, VI). Ainsi le dépositaire de la souveraineté serait le peuple, considéré comme la totalité concrète des citoyens.

Et, dans ces conditions, **tout ce que votent, exécutent ou jugent les représentants élus par le peuple serait nécessairement juste**. En découle la primauté de la Loi (celle-ci ne peut être remise en cause — même si elle s'oppose objectivement au Bien commun…).

Mais le fondement du « principe de souveraineté populaire » est faux.

En effet, ce n'est pas le citoyen qui est cause efficiente de la société, mais sa nature sociale et politique ; et encore ne s'agit-il que de la cause *entitative* de la société ; car sa cause *opérative*, c'est l'autorité politique : il n'y a d'action *commune*, *unifiée*, que s'il y a principe *unificateur*.

De surcroît, la doctrine de la souveraineté populaire est contraire à la nature de la délégation, qui est de descendre, et non de monter.

Enfin, dans une perspective réaliste, lorsque le grand nombre désigne son gouvernant par le moyen de l'élection, il ne confère pas le pouvoir de gouverner, mais il désigne celui qui en sera investi — ce qui est bien différent.

Là encore, nous constatons que les fondements philosophiques de la gauche sont tout simplement faux.

Conclusion

Définition essentielle de la Droite

Après avoir décrit l'état d'esprit de l'homme de Droite, et relevé les fondements philosophiques de la Droite réaliste, tâchons, enfin, de donner une définition essentielle de la Droite — même si, bien entendu, une telle définition sera toujours amendable.

L'Esprit de Droite n'est pas empiriste. Il croit donc dans les pouvoirs métaphysiques de la raison humaine. Et, parce qu'il y croit, il se considère comme capable de connaître le réel. Or, son observation du réel l'amène à la conclusion suivante : il existe, dans la nature, un ordre des choses ; un ordre qui s'impose à sa subjectivité, un ordre objectif. Un ordre fait non seulement de matière mais aussi et surtout de forme ; un ordre dans lequel la matière est ordonnée à la forme, ainsi la partie au tout ; un ordre fait de finalités, qui s'imposent à la liberté humaine. Un ordre, enfin, dans lequel un tout est toujours gouverné par une autorité, parce qu'il est impossible que le bien commun du tout — qui est son unité — soit assuré par la multitude des parties. Aussi l'Esprit de Droite rejette-t-il tout subjectivisme, et, par-là, le matérialisme, l'individualisme, le relativisme, le libéralisme et le démocratisme (c'est-à-dire la doctrine qui fait de la démocratie le seul régime politique acceptable).

Mais l'Esprit de Droite n'est pas non plus idéologue. Il considère donc que cet ordre des choses, en tant que naturel, est nécessaire et inchangeable, et qu'il n'a donc pas à chercher à le changer, quand bien même il croirait y discerner des imperfections. Mais, au contraire, il adhère à cet ordre des choses qui s'impose à lui, et cherche à le conserver. Il repousse donc le progressisme.

De plus, il ne souhaite pas « limiter » la liberté — qui est le propre de la volonté humaine — par une quelconque égalité artificielle, parce qu'il sait que la liberté est déjà limitée *en droit* par une finalité, c'est-à-dire ordonnée par nature à une fin, à savoir la vertu. S'il rejette donc le libéralisme, qui prône une liberté en dehors de tout ordre, il rejette aussi l'égalitarisme, qui réduit injustement la liberté des personnes. L'homme de Droite est épris de la vraie Liberté.

Par ailleurs, l'Esprit de Droite, s'il est vrai qu'il est esprit rationnel, est aussi et surtout une volonté d'action. L'Esprit de Droite n'est pas velléitaire ; il est volontaire et même — rationnellement — volontariste. Et sa volonté d'action est efficace : elle est suivie par des actes. Un homme qui adhérerait à l'ordre des choses sans vouloir agir ne serait qu'un homme de Droite en puissance, et non un homme de Droite en acte ; agir qui, en tant que l'Esprit de Droite est une adhésion à l'ordre naturel, se veut conforme à ce même ordre, c'est-à-dire en adéquation avec lui, dans toutes ses dimensions.

En outre, si l'Esprit de Droite est un état d'esprit moral, il est aussi et surtout un état d'esprit politique ; aussi l'agir qu'il promeut est-il individuel *et* collectif, le premier aspect entraînant logiquement le second puisque l'homme est animal politique.

Enfin, dans l'Esprit de Droite, l'homme a vocation à actualiser (ou réaliser) l'ordre naturel, en agissant en conformité avec lui. Pour l'homme de Droite, la véritable dignité de l'homme, son honneur, consiste précisément à se conformer à cet ordre et à l'actualiser en s'inscrivant en lui.

L'Esprit de Droite, c'est donc *la reconnaissance d'un ordre naturel (ou universel) et objectif des choses, l'adhésion à ce même ordre, et la volonté efficace d'agir — non seulement à l'échelle individuelle, mais aussi et surtout à l'échelle collective — en conformité avec lui, ainsi de l'actualiser dans la société politique.*

POSTAMBULE

Valeurs familiales, esprit d'entreprise et identité nationale, ou les trois fondements d'une politique authentiquement de Droite

Tout le monde connaît la fameuse thèse des « trois Droites », développée par René Rémond dans *Les Droites en France*.

Rémond y distingue trois grandes familles de la Droite française : la famille légitimiste, catholique, fidèle aux valeurs traditionnelles de la France ; la famille orléaniste, davantage centrée sur les questions économiques, défenseur d'un capitalisme d'entreprises fortes et d'une industrie puissante ; enfin, la famille bonapartiste ou césariste, plus étatiste et autoritaire, attachée à la fois au pouvoir personnel du Chef et au plébiscite populaire, et partisane d'un patriotisme virulent, voire clairement nationaliste.

S'il est vrai que les termes de « légitimisme », d'« orléanisme » et de « bonapartisme » sont un peu désuets, nous croyons que l'analyse, en son fond, n'en demeure pas moins intéressante.

★

La Droite légitimiste ou Droite traditionnelle, dont l'essence est — en France — indéniablement catholique, s'est scindée en deux au moment du Ralliement de Léon XIII à la République (1892) : la majorité a obéi, et a donné naissance à la démocratie chrétienne, fondée sur la « Doctrine sociale de l'Église » ; une minorité, plus réactionnaire, a résisté : c'est elle que l'on retrouvera au XXᵉ siècle dans l'Action française.

Le mouvement d'Action française est probablement la seule synthèse des trois familles politiques de la Droite française qui ait existé — ce qui ne veut pas dire qu'elle n'était pas sans défaut. Mais, condamnée par Pie XI (en 1926), et surtout déconsidérée au sortir de la Seconde Guerre à cause de la collaboration d'un bon nombre de ses membres avec le Régime de Vichy, l'Action française a perdu toute influence.

Aussi, seuls les chrétiens-démocrates représentent-ils aujourd'hui ce qu'il conviendrait de nommer la Droite conservatrice. On les trouve dans quelques partis de Droite sans réelle importance sur le plan politique, comme le Parti chrétien-démocrate de Jean-Frédéric Poisson, mais aussi et surtout autour d'organes de presse conservateurs tels que *Valeurs* (anciennement *Valeurs actuelles*), ainsi que dans les mouvements de défense de la Vie, souvent proches des catholiques « traditionalistes ». Ce sont eux qui, en grande partie, ont mené la « Manif pour tous » opposée à la législation du « mariage homosexuel » et qui, encore aujourd'hui, se battent contre la législation de la « PMA (pro-création médicalement assistée) pour toutes » ou de la « GPA » (gestation pour autrui). Beaucoup de jeunes catholiques, moins complexés que leurs aînés acquis à l'esprit libéral du Concile Vatican II, n'hésitent plus, aujourd'hui, à revendiquer leur con-servatisme.

Leur combat est donc principalement sociétal : il consiste en la défense des valeurs traditionnelles de la famille, de la morale et de la religion chré-tienne. Mais, parce que ces valeurs sont précisé-ment celles de la France, ils se veulent aussi la plu-part du temps les défenseurs de l'identité nationale.

En revanche, les questions d'ordre économique semblent, pour beaucoup d'entre eux, tout à fait secondaires. Ces gens paraissent oublier que la prospérité économique de la Nation est condition *sine qua non* de réalisation du Bien commun — quoique ce dernier ne se réduise pas à elle.

La Droite orléaniste, qu'on dit aussi libérale (ce qui n'est d'ailleurs pas tout à fait juste : on devrait plutôt dire capitaliste — même si le terme est moins coquet —, car l'économie qu'elle prône n'est géné-ralement pas une économie sans règle), s'est trans-formée, dès le début de la IIIe République, en la Droite parlementaire et républicaine que l'on con-naît aujourd'hui. Elle présente en outre un certain nombre de liens, tant historiques qu'idéologiques, avec le *Grand Old Party* américain.

Concrètement, elle est représentée aujourd'hui par la droite du mouvement Les Républicains. Il s'agit de la Droite encore fidèle à l'esprit d'origine du RPR, défenseur d'un capitalisme d'entreprises fortes contre un capitalisme financier, favorable au protectionnisme, et souverainiste — au moins sur le plan économique. La doctrine des membres de cette famille de la Droite française pourrait se résumer en un mot : entreprenalisme (ce mot est certes laid, mais il existe, et nous n'en connaissons pas d'autre).

Les préoccupations des membres de cette mouvance sont donc principalement d'ordre économique. Cependant ils sont, dans leur grande majorité, plutôt favorables aux valeurs conservatrices — notamment sur le plan dit « sociétal ».

En revanche, leur esprit de concession les a fait renoncer depuis bien longtemps au nationalisme ; ce qui, il faut bien le dire, les éloigne quelque peu, sinon tout à fait, de l'Esprit authentique de Droite.

Enfin, la Droite césarienne, ou Droite autoritaire, est celle qui a probablement le plus muté au fil des décennies, car elle est essentiellement liée aux Chefs qui l'incarnent, et que les Chefs changent.

Elle s'incarna au début du XXe siècle dans le boulangisme ; durant la période d'entre-deux-guerres, dans le mouvement des Croix de Feu du Colonel de La Rocque ; après la Seconde Guerre mondiale et jusqu'à la fin des années 60, dans le gaullisme (quoique le gaullisme soit une forme bien particulière — et très loin d'être exemptes de critiques ! — du césarisme) ; enfin, depuis le début des années 80, avec le Front national (qui n'est certes pas gaulliste, mais qui, finalement, se rapproche bien plus de l'esprit du Général que l'actuel parti Les Républicains) de Jean-Marie Le Pen.

Une part non négligeable de la jeunesse de Droite d'aujourd'hui appartient à cette famille de pensée, notamment à travers des mouvements politiques tels que Génération identitaire.

Les revendications de la Droite césarienne relèvent principalement du nationalisme — à tout le moins du patriotisme. La plupart du temps, elle considère en outre la prospérité économique comme un facteur important de l'unité de la Nation, et se veut favorable au protectionnisme. C'est elle que l'on nomme aujourd'hui « Droite populiste », car elle est antiélitiste et anti-intellectualiste.

Mais, par opportunisme, elle se désintéresse quasiment toujours des questions sociétales : pour ratisser large, se dit-elle, il faut faire abstraction de toutes les questions polémiques et inutiles, donc aussi bien des questions éthiques (et notamment bioéthiques) que religieuses. Son sens de l'ordre moral est assez limité. On a parfois même l'impression qu'elle est progressiste, ce qui est tout de même assez gênant. Peut-être la chose est-elle due à l'influence — souvent non avouée — de la « Nouvelle Droite ».

★

C'est là une vision un peu simplifiée des choses, nous dira-t-on ; et il est vrai que, comme toute classification de faits contingents et donc *par soi* non classable, elle a certainement ses inexactitudes.

Mais là n'est pas l'essentiel.

L'essentiel est de voir que les trois grandes familles de la Droite française correspondent en fait, radicalement, aux trois grands fondements — à la fois moraux et politiques — de la Droite : la première renvoie aux valeurs familiales ; la seconde, à l'esprit d'entreprise ; la dernière, à l'identité nationale. Chacune a choisi de mettre l'accent sur un point particulier.

Ce sont là les trois fondements de la Droite, parce qu'ils sont les trois fondements de la communauté politique elle-même : une Cité ne peut espérer survivre que si elle protège ses familles — cellules de base de la société —, que si son économie est vivante — il ne peut y avoir de Bien commun (spirituel) sans prospérité (matérielle) —, et que si son identité — ce qui fait qu'elle est cette Cité, et non une autre, par-là ce qui fait qu'elle existe — est préservée.

La Droite traditionnelle (qui est la première Droite, tant dans l'ordre logique que dans l'ordre chronologique) s'est attachée à la défense de l'ordre moral, du mariage, de la famille traditionnelle et de la religion, parce que ce sont les valeurs auxquelles la gauche a commencé par s'attaquer, avec les Lumières, la Révolution française, la République et la Terreur ; la Droite économique s'est voulue la protectrice de l'ordre social, de la propriété privée, des libertés économiques et de la bourgeoise, parce que ce sont à ces choses que la gauche s'en est ensuite prise, avec le socialisme, le marxisme, le syndicalisme et la social-démocratie ; enfin, la Droite nationale a fait de son combat principal la sauvegarde de la culture, de la Nation, de sa souveraineté et de son identité, parce que ce sont elles que la gauche a fini par vouloir détruire, par le mondialisme, l'Europe de Bruxelles, l'immigration de masse et le Grand Remplacement.

Valeurs familiales, esprit d'entreprise, identité nationale : telles sont les trois « notes » essentielles de l'Esprit de Droite. Des fondements que l'homme de Droite, en conscience, ne peut pas ne pas défendre.

La Droite est, radicalement — c'est-à-dire dans sa racine —, conservatrice, entreprenaliste, et nationaliste.

Afin de réaliser l'union des Droites, ou plutôt devrions-nous dire l'union de *la* Droite — car il n'y a fondamentalement qu'un seul Esprit de Droite (c'est celui que nous nous sommes efforcé de mettre en lumière précédemment) —, il faudra que chacune des trois familles de la Droite consente enfin à se réapproprier le fondement de la Droite qu'elle a oublié, ou délaissé, par-là qu'elle fasse un pas vers les deux autres, non par esprit de « concession », mais au contraire pour retourner à son Esprit initial.

Il faudra que la Droite économique consente enfin à admettre que le nationalisme n'est pas un péché, mais qu'il est au contraire la conséquence logique du patriotisme économique ;

il faudra que la Droite conservatrice consente à s'intéresser — au moins un peu — à la chose économique, parce qu'on ne convaincra jamais les gens de la valeur de la vie humaine s'ils n'ont même pas l'aisance matérielle nécessaire à une vie convenable, et que cette aisance n'est possible que si la Nation est économiquement prospère ;

il faudra, enfin, que la Droite nationale consente à reconnaître l'importance des valeurs familiales et morales, qu'elle (re)devienne conservatrice, sans quoi la Nation qu'elle promeut se dissoudra dans les fumées d'une velléité.

Alors, peut-être, la Droite sera-t-elle enfin unie.

Mais notre pessimisme — ou plutôt notre réalisme — nous fait dire que cette union n'est pas pour demain.

TABLE DES MATIÈRES

Février 2020
Reconquista Press
www.reconquistapress.com